Jacques Rouquet

Recueil de lettres

Jacques Rouquet

Recueil de lettres

Témoignages et Exhortations Spirituelles

Éditions Croix du Salut

Impressum / Mentions légales
Bibliografische Information der Deutschen Nationalbibliothek: Die Deutsche Nationalbibliothek verzeichnet diese Publikation in der Deutschen Nationalbibliografie; detaillierte bibliografische Daten sind im Internet über http://dnb.d-nb.de abrufbar.
Alle in diesem Buch genannten Marken und Produktnamen unterliegen warenzeichen-, marken- oder patentrechtlichem Schutz bzw. sind Warenzeichen oder eingetragene Warenzeichen der jeweiligen Inhaber. Die Wiedergabe von Marken, Produktnamen, Gebrauchsnamen, Handelsnamen, Warenbezeichnungen u.s.w. in diesem Werk berechtigt auch ohne besondere Kennzeichnung nicht zu der Annahme, dass solche Namen im Sinne der Warenzeichen- und Markenschutzgesetzgebung als frei zu betrachten wären und daher von jedermann benutzt werden dürften.

Information bibliographique publiée par la Deutsche Nationalbibliothek: La Deutsche Nationalbibliothek inscrit cette publication à la Deutsche Nationalbibliografie; des données bibliographiques détaillées sont disponibles sur internet à l'adresse http://dnb.d-nb.de.
Toutes marques et noms de produits mentionnés dans ce livre demeurent sous la protection des marques, des marques déposées et des brevets, et sont des marques ou des marques déposées de leurs détenteurs respectifs. L'utilisation des marques, noms de produits, noms communs, noms commerciaux, descriptions de produits, etc, même sans qu'ils soient mentionnés de façon particulière dans ce livre ne signifie en aucune façon que ces noms peuvent être utilisés sans restriction à l'égard de la législation pour la protection des marques et des marques déposées et pourraient donc être utilisés par quiconque.

Coverbild / Photo de couverture: www.ingimage.com

Verlag / Editeur:
Éditions Croix du Salut
ist ein Imprint der / est une marque déposée de
OmniScriptum GmbH & Co. KG
Heinrich-Böcking-Str. 6-8, 66121 Saarbrücken, Deutschland / Allemagne
Email: info@editions-croix.com

Herstellung: siehe letzte Seite /
Impression: voir la dernière page
ISBN: 978-3-8416-9900-8

Copyright / Droit d'auteur © 2014 OmniScriptum GmbH & Co. KG
Alle Rechte vorbehalten. / Tous droits réservés. Saarbrücken 2014

PREFACE

Ecrire une lettre de ses propres mains est devenu un exercice difficile, trop long, trop cher et trop fatiguant. En effet l'informatique – mais déjà la machine à écrire - a changé complètement nos anciennes façons d'écrire au point que l'écriture manuscrite a pratiquement disparu de notre culture moderne. Désormais, on se sert volontiers de l'ordinateur et des logiciels de traitement de texte qui sont il est vrai si pratiques et très performants. Soit ! Mais avouons qu'on y perd *un peu* d'humanité... beaucoup même. Avec l'arrivée d'internet et des emails c'est une véritable révolution dans la pratique de la communication qui s'est enclenchée. Ne parlons pas des téléphones portables avec ses SMS ou l'on écrit des flash d'infos hyper courts avec un langage phonétique quasiment codé pour gagner un maximum de place car aujourd'hui si l'on n'a que peu de temps à consacrer aux autres on a aussi de moins en moins d'espace pour eux, l'espace comme le temps s'est de l'argent...

Cependant le principe de la « lettre », c'est-à-dire un écrit adressé à quelqu'un pour lui communiquer quelque chose demeure toujours. La Bible contient des « lettres » et 21 des 26 livres du N.T. sont des lettres soit 35% de tout le N.T. On les appelle « épîtres », elles sont adressées soit à des communautés chrétiennes soit à une personne, un responsable d'église, pasteur, on appelle alors ces lettres des « épîtres pastorales », c'est le cas par exemple pour les deux lettres à Timothée et celle adressée à Tite. Pour l'apôtre Paul c'était un moyen vital pour toucher à distance l'ensemble des communautés chrétiennes, ce n'est que plus tard que ces lettres devinrent des écrits bibliques c'est-à-dire normatifs pour tous les chrétiens de tous les temps. Mais n'oublions jamais que ces textes furent d'abord des lettres écrites dans des circonstances précises par un homme qui exprimait aussi son vécu, ses sentiments et sa propre réflexion à un moment précis de sa vie. Le but était aussi de rendre présent sa personne auprès de celles et ceux que l'apôtre avait amenés à Christ car du temps de Paul on considérait la lettre « comme le moyen d'assurer une présence personnelle à distance. »[1]

Concernant ce dernier point, je crois que c'est aussi le cas pour ces « lettres » écrites par mon père, sans qu'elles aient bien entendues l'autorité apostolique de l'apôtre. Elles sont le témoin d'une volonté de rester présents avec tous ceux qui composent une assemblée chrétienne. D'ailleurs le titre du bulletin qui transmet chacune de ces lettres « Relation » est suffisamment explicite. Au-delà du lien que ces lettres peuvent assurer au sein d'une assemblée, le contenu de ces lettres est fondamental. Contenu bref, c'est-à-dire non verbeux mais très clair, simple et exhortatif donc très pratique. Cette dernière qualité est de loin l'atout majeur de ces courts billets avec une constante : garder la foi simple des évangiles et persévérer dans une pratique chrétienne dénuée de toute hypocrisie. C'est la raison principale qui permet à ces lettres de dépasser le cadre local de l'église pour être une bénédiction à ceux qui au loin peuvent les recevoir, merci... internet.

---
[1] D.A. Carson & D.J. Moo, *Introduction au N.T.*, Excelsis, 2007, p. 301

Finalement on pourrait résumer l'intention de l'auteur de ces lettres par ce texte des Ecritures : « Bien-aimés, comme je consacrais tous mes efforts à vous écrire au sujet de notre salut commun, j'ai été contraint de le faire afin de vous encourager à combattre pour la foi qui a été transmise aux saints une fois pour toute. » (Jude 3)

Pasteur Thierry Rouquet

Introduction

Les sujets abordés dans ce livre sont le fruit de réflexions bibliques, de méditations, de lectures, de prédications, mais aussi d'entretiens pastoraux.

J'ai voulu aborder succinctement des thèmes me paraissant être le quotidien de Chrétiens engagés, mais aussi essayé d'aider, d'expliquer à ceux qui ne connaissent pas Jésus-Christ qu'il y a dans la bible des choses à découvrir, particulièrement intéressantes et édifiantes. Ne refusez pas, par esprit de parti ou à cause de toute autre considération, de lire ce que j'ai à vous dire, car, je voudrais partager mon expérience pour vous bénir, et non pour vous accuser, vous reprendre ou vous faire la morale!
J'aborde ici, des sujets que je veux placer sous l'éclairage biblique, considérant que la parole de Dieu est :
« Une lampe à nos pieds, et une lumière sur notre sentier »

Selon le psaume 119, verset 105.

Je n'ai pas la prétention de vous apporter des réflexions théologiques mais je pense pouvoir vous éclairer dans les domaines du quotidien. Depuis ma conversion, il y a un certain nombre d'années, j'ai toujours pensé que les Saintes écritures étaient valables en toutes circonstances, d'actualité, et applicables pour notre bien dans la vie de tous les jours, dans nos foyers, avec nos enfants, nos proches, dans nos relations de voisinage, de travail etc....
Elles sont également "utiles pour nous enseigner, nous corriger, ... nous instruire dans la justice".
C"est à dire qu'il est avantageux pour nous de les connaître, et de les mettre en pratique!

J'espère que cette lecture vous aidera, vous encouragera et pour certains, vous renouvellera. Je sais combien le poids de la lutte quotidienne devint souvent une charge insupportable, puis un fardeau trop lourd à porter pour nos frêles épaules d'êtres humains. Aussi, j'ai appris à déposer au pied de la croix ce qui aurait pu me faire plier sous la pression.
Dans tous mes livres, j'ai parlé de ma reconnaissance pour l'Eglise, les frères et sœurs qui m'ont tant soutenu, aidé, alors, ici aussi, je veux encore vous dire que votre présence m'a été d'un précieux secours en bien des circonstances.
Vous êtes de merveilleuses créatures et je vous aime.

Table des Matières

PREFACE..1
Introduction..3
LETTRE N°1 "Cherchez premièrement"..7
LETTRE N°2 "La Parole de Dieu"..9
LETTRE N°3 "Quelle relation ?"..11
LETTRE N°4 "Ces chants qui nous bénissent"..13
LETTRE N°5 "La paix"..15
LETTRE N° 6 "La croix"...17
LETTRE N°7 "Mettre la parole de Dieu en pratique".......................................19
LETTRE N°8 "Avons-nous honte de l'Evangile de Jésus-Christ?"......................21
LETTRE N°9 "Obtenir les promesses de Dieu"...23
LETTRE N° 10 "La Loi de la Semence"...25
LETTRE N°11 "Le combat"..27
LETTRE N°12 "L'Encouragement"..29
LETTRE N°13 "Nouveaux Commencements"..31
LETTRE N°14 "Prêt à tout abandonner ?" "Le désert"....................................33
LETTRE N°15 "Le bon Berger"..35
LETTRE N°16 "Sommes nous encore sensibles à la souffrance des autres"........37
LETTRE N°17 "La souveraineté de Dieu"...39
LETTRE N°18 "L'amour selon Dieu"...41
LETTRE N°19 "Influençables"?..44
LETTRE N° 20 "La joie"..46
LETTRE N° 21 "Quelle est votre religion?" (1)..48
LETTRE N° 22 "Mais qui vous parle de Religion" (2).....................................50
LETTRE N° 23 « Témoignage »..53
LETTRE N° 24 "Bientôt Noël"..56
LETTRE N°25 "Vous n'êtes pas tenu ni obligé d'écouter tout ce que l'on vous dit"..58
LETTRE N° 26 "Soyons des témoins courageux"...60
LETTRE N° 27 "Le corbeau ravitailleur et le corbeau sauveur".......................62
LETTRE N° 28 "Orgueil/Humilité"..64
LETTRE N° 29 "La reconnaissance"..66
LETTRE N° 30 "L'Eglise"..68
LETTRE N° 31 "Petites causes, grands effets "..70
LETTRE N° 32 "Un temps pour tout"..72
LETTRE N° 33 « Apprendre du Seigneur »...74
LETTRE N° 34 "Nous sommes vulnérables!"..76
LETTRE N° 35 « Notre nature idolâtre »..78
LETTRE N° 36 "La Convoitise"..80

LETTRE N°1

"Cherchez premièrement"

« Que la grâce, la miséricorde et la paix vous soient données de la part de Dieu le père et de Jésus-Christ notre Seigneur ! » II Timothée 1 / 2

Nous avons l'habitude de commencer la nouvelle année en nous adressant des vœux, les uns aux autres, bonheur, santé, prospérité, etc.…Nous espérons tous que ce qui n'a pas trouvé de solution dans les douze mois écoulés, soit solutionné dans l'année à venir et tout cela est très bien !
Je vous adresse moi aussi, tous mes vœux, que tout contribue à votre bonheur, que vos espérances se réalisent, que vous soyez au cours de cette année, particulièrement bénis dans vos aspirations profondes.
Mais je ne peux m'empêcher de vous conseiller ce que Dieu lui-même nous recommande :
« Cherchez premièrement le royaume et la justice de Dieu, et toutes choses vous seront données par dessus »
Mathieu 6/33

Le Seigneur lui-même nous indique le chemin à suivre pour que nous marchions avec cette paix qui surpasse toute intelligence et dont nous avons tant besoin.
Notre Dieu ne nous dit pas qu'il va nous donner richesse, prospérité, et toutes autres choses matérielles, mais dans les mots « toutes choses », il veut nous assurer de son aide, de sa protection divine et de sa paix.
Cela n'est-il-pas le plus important ?
N'avez-vous pas besoin de vous sentir aimés de Dieu, n'avez vous pas besoin de recevoir son approbation dans ce que vous entreprenez, n'avez vous pas besoin de vous sentir rassurés ?
Il vous donnera tout cela si c'est lui que vous cherchez premièrement. Alors, votre âme étant rassurée, vous n'aurez pas besoin de plaire au monde pour être satisfait, votre bonheur sera dans l'approbation qui vous viendra de Dieu.
Je vous recommande cette lecture
1 Corinthiens 2/ 9 et 10 :
« Mais, comme il est écrit, ce sont des choses que l'œil n'a point vues, que l'oreille n'a point entendues, et qui ne sont point montées au cœur de l'homme, des choses que Dieu a préparées pour ceux qui l'aiment. Dieu nous les a révélées par l'Esprit. »
Vos yeux ne peuvent voir, vos oreilles ne peuvent entendre, votre intelligence ne peut imaginer, ce que Dieu a prévu pour ses enfants, dont vous êtes!
Le Saint-esprit est la clé qui permet à toute la puissance latente qui est en nous de venir à la vie…
C'est lui qui fait la relation entre notre esprit et la sagesse de Dieu, les plans de Dieu pour nous !

Laissez le agir, laissez le débloquer ce qui vous retient, qui vous freine, vous empêche de saisir, de marcher dans ces œuvres bonnes, préparées à l'avance pour vous,… oui…....p o u r….....v o u s !

Ne faites pas comme cet homme qui avait pris un billet pour une traversée et qui se privait de repas bien chauds et bien préparés, parce qu'il ne savait pas que dans son billet tout était compris, le voyage et tous les repas !

Dieu aime ses enfants et nous devrions appliquer ces paroles : Mathieu 7/9 :

« Lequel de vous donnera une pierre à son fils, s'il lui demande du pain ? ou, s'il demande un poisson lui donnera-t-il un serpent ? Si donc, méchants comme vous l'êtes, vous savez donner de bonnes choses à vos enfants, à combien plus forte raison votre père qui est dans les cieux donnera-t-il de bonnes choses à ceux qui les lui demandent »

Je voudrais terminer en vous disant que l'Eglise à un rôle important à jouer dans cette période, cette fin de siècle, que la compétitivité, la rentabilité, l'orgueil, rendent inhumaine, injuste. La bible nous dit bien que les gens seront fanfarons, hautains, ennemis des gens de bien, arrogants, dépourvus d'intelligence et de loyauté..etc…

Ne vous laissez pas décourager, démoraliser, par les évènements, les circonstances, les gens mal intentionnés, ce ne sont pas leurs paroles qui vous communiqueront la foi, car :

« La foi vient de ce que l'on entend, et ce qu'on entend vient de la parole de Christ » Romains 10/17

En quoi, en qui croirez vous le plus en cette année, en la parole des hommes ou en la parole de Dieu ?

LETTRE N°2

"La Parole de Dieu"

Luc 11 / 28 BFC :
« 28 Mais Jésus répondit : Heureux plutôt ceux qui écoutent la parole de Dieu et la mettent en pratique ! »

C'est par elle que nous avons eu connaissance de l'amour de Dieu et de son grand salut en Jésus-Christ. C'est elle qui nous révèle avec autorité tout ce qui concerne les choses de Dieu, et ce qu'il attend de nous.

Elle nous a communiqué la vie et elle continuera aussi longtemps que nous persévèrerons de croire en ses déclarations, selon qu'il est écrit :

Hébreux 10/38/
« Le juste vivra par la foi »

Seule, la bible nous permettra de faire la différence entre ce qui est faux ou vrai, entre ce qui est bon et mauvais, entre ce qui vient de Dieu qui est bon pour nous et ce qui vient de son adversaire que nous apprendrons à reconnaître au fur et à mesure de notre marche dans la foi.

Psaume 33/9 version TOB :
« 9 c'est lui qui a parlé, et cela arriva ; lui qui a commandé, et cela exista. »

Nous voyons bien là, que la parole précède l'événement, Dieu ordonne et la chose existe….Nous, chrétiens devrions faire cette expérience là, rechercher dans sa parole ce que nous avons à faire pour lui être agréable, trouver « matière » dans cette parole pour établir notre foi, la consolider, apprendre à faire de plus en plus confiance à notre Seigneur.

L'équilibre et la sagesse, c'est de ne pas faire de l'expérience quelque chose de primordial, au point d'occulter la parole de Dieu ou encore de rechercher dans les textes la confirmation « que ce qui vient de nous arriver est bien de Dieu ».

La bible et l'expérience doivent marcher de pair, s'éclairant mutuellement, et l'écriture doit rester le miroir pour éprouver notre vécu, nos opinions, nos convictions, nos sentiments, nos théories, nos impressions….

2 Timothée 3/16 :
« 16 Toute Ecriture est inspirée de Dieu et utile pour enseigner, pour réfuter, pour redresser, pour éduquer dans la justice »

Nous trouvons par ailleurs que le Saint-esprit s'inscrit dans la continuité du ministère de Jésus :

Jean 14/26 :
« 26 *le Paraclet, l'Esprit Saint que le Père enverra en mon nom, vous enseignera toutes choses et vous fera ressouvenir de tout ce que je vous ai dit.* »
En d'autres termes, le Saint Esprit vient rappeler ce que Jésus a dit et nous ramène ainsi à la parole de Dieu, en fait, tout ce qui ne se trouve pas en harmonie avec l'enseignement de Jésus et de ses apôtres, est sujet à caution. Dieu, par sa parole, édifie, corrige, instruit, afin de nous rendre aptes à toute bonne œuvre, la parole reçue et appliquée, pratiquée, conduira forcément à une expérience bénie, puisque :

Esaie 55/ 11, version Tob :
« *11 ainsi se comporte ma parole du moment qu'elle sort de ma bouche : elle ne retourne pas vers moi sans résultat, sans avoir exécuté ce qui me plaît et fait aboutir ce pour quoi je l'avais envoyée* »
Je pense qu'une méditation régulière, quotidienne des écritures est nécessaire pour un usage équilibré des écrits bibliques, pour une véritable harmonie entre parole de Dieu et expériences.

Ainsi, nos pensées seront éprouvées, notre imagination parfois débordante sera contrôlée.
Nous sommes chrétiens, c'est à dire que Christ est notre exemple, nous voulons le suivre, l'imiter, et être pour notre prochain des modèles qui les entraîneront jusque dans la vie éternelle.

Paul a écrit à Timothée :
« *10 ¶ Mais toi, mon fils, tu as été mon fidèle compagnon, tu m'as accompagné pas à pas, tu as écouté mon enseignement, tu as observé mon comportement, et tu en as fait la ligne de conduite de ta vie. Tu t'es appliqué à me suivre dans mes conceptions, mes projets, ma foi, ma patience, mon esprit d'amour, mon endurance. Tu as adopté mon but de vie et tu as voulu, comme moi, croire, aimer et supporter l'épreuve.* »
(2Timothée 3/10 version PVV)

Rendez vous compte si le Seigneur apportait la même appréciation sur chacun de nous, et si nos enfants, petits enfants, notre entourage nous observant, pouvaient dire :
«J'ai vu sa foi, sa patience, son esprit d'amour, son endurance, je l'ai vu croire, aimer et supporter l'épreuve, il reste un grand exemple pour moi, et je veux l'imiter » !

LETTRE N°3

"Quelle relation ?"

Deutéronome 4 / 9
« *9 Mais prends garde à toi, garde-toi bien d'oublier les choses que tu as vues de tes yeux ; tous les jours de ta vie, qu'elles ne sortent pas de ton coeur. Tu les feras connaître à tes fils et à tes petits-fils.*

Approvisionnement, provision, ravitaillement….
Avons-nous conscience de nos besoins en relation, communion, avec notre Seigneur Jésus-Christ, avec sa parole ?
Ce monde si mouvementé ne nous entraîne-t-il pas nous aussi à négliger ce qui pour un chrétien devrait pourtant rester la priorité :
Notre relation avec Dieu !

Rester attentif, aller chercher nos provisions quotidiennement, nous ravitailler auprès de celui qui apporte une nourriture qui n'est pas de ce monde, une nourriture céleste si nécessaire pour notre vie de tous les jours…
Mais que peut nous apporter cette relation, cette communion avec notre Seigneur, ce contact, cette fréquentation quotidienne ?
Tout d'abord, nous pourrons laisser là tous nos griefs, nos amertumes, ressentiments, hostilités diverses, aigreurs. Si nous sommes sérieux dans cette recherche, nous y trouverons la paix procurée par celui qui a le pouvoir d'accorder cette quiétude qui surpasse toute intelligence.

Il nous approvisionnera en pardon, en amour, en bonté, en miséricorde, en compassion pour affronter les difficultés de ce monde, pour apprécier chaque situation de la journée spirituellement et non charnellement…..

Exode 16 /4
« *4 Le SEIGNEUR dit à Moïse : Je vais faire pleuvoir pour vous du pain depuis le ciel. Le peuple sortira pour en recueillir chaque jour la quantité nécessaire ; ainsi je le mettrai à l'épreuve pour voir s'il suit ou non ma loi.*
Ce principe de jour après jour, nous situe bien dans la volonté de Dieu pour nous, l'être humain n'est pas capable d'emmagasiner, de stocker ce qui est spirituel une fois pour toutes, notre Dieu aime notre humilité qui se traduit par notre dépendance, qui entraîne une communion, liaison intime, permettant l'obéissance à sa parole, à ses directives…Nous savons que sa volonté est bonne, agréable et parfaite. Pour la recevoir, la comprendre et la faire, il nous est nécessaire d'aller nous approvisionner à la source chaque jour…

En effet, qui serait assez suffisant, en tant que Chrétien, pour dire qu'il n'a pas besoin de cette provision quotidienne pour affronter les situations empiriques de ce monde moderne ?

Psaume 55 / 23 :
« *Rejette ton fardeau, mets–le sur le SEIGNEUR, il te réconfortera, il ne laissera jamais chanceler le juste.* »
Rejette…c'est à dire n'accepte pas, repousse, expulse, refuse cette charge et dans ta communion avec ton Seigneur, pose la, met la sur lui….Il te réconfortera, il ne te laissera pas partir sans t'avoir béni au préalable !
Nous ne devons pas laisser accumuler sur nos épaules des fardeaux qui sont une entrave dans notre marche. Le Seigneur nous invite à les mettre sur lui, en les rejetant parce que trop lourds pour nous !

Le principe de venir à lui quotidiennement permet la non accumulation des soucis, inquiétudes, qui rongent la vie de nombreuses personnes. Nous pourrons alors, par la paix qui nous sera donnée dans ces moments, aider ceux qui autour de nous restent dans la peur, la crainte, la désespérance.
Notre saine relation avec notre Dieu nous donnera un discernement spirituel qui nous aidera à bénir notre entourage, et anticiper sur les évènements.

Dans cet entretien personnel et individuel, la nourriture qui nous sera donnée nous maintiendra en bonne santé spirituelle et alors, c'est lui qui combattra pour nous !
Qui d'autre que le Dieu tout puissant pourrait nous rassurer, nous encourager, nous communiquer force et foi pour faire face à l'adversité, l'opposition de tous les jours et nous aider pour résoudre les conflits?
Soyons déjà reconnaissant d'avoir part à cette intimité, de pouvoir venir à la source d'eau vive qui ne tarit jamais, nous rafraîchît, nous renouvelle, nous ravive, nous corrige et nous transforme….

LETTRE N°4

"Ces chants qui nous bénissent"

Psaume 69/31
Je célébrerai le nom de Dieu par des cantiques, Je l'exalterai par des louanges.

Combien d'entre nous ont été touchés par des chants, des hymnes, des cantiques proclamant la gloire de Dieu ?
Un Américain, le Major D.W WITTLE écrivit, au 19e siècle, un chant d'appel repris souvent dans les réunions d'évangélisation :
Entends-tu ? Jésus t'appelle
Depuis longtemps il t'attend...
A cette voix si fidèle
Tu résistas trop longtemps.

Il fut surtout connu pour le concours qu'il apporta à Moody. Il s'était converti à Dieu au cours de la guerre civile d'Amérique. Ayant perdu un bras, souffrant beaucoup et prisonnier de l'ennemi, à l'hôpital, il découvrit le nouveau testament que sa pieuse mère avait eu soin de placer au fond de son havresac. Il le lut et son cœur fut touché.
A peine prenait-il conscience de sa nouvelle expérience, qu'un infirmier vint le trouver au milieu de la nuit :
« Major, je vous ai vu lire la Sainte Ecriture, lui dit-il. Puisque vous êtes Chrétien, venez prier auprès d'un gars de dix sept ans qui va mourir et qui a peur de la mort ! »

Je ne sais pas prier ! répondit Wittle tout confus. Mais l'infirmier le pressa si fort que quelques instants plus tard, il était devenu aumônier et confesseur :
« Je me jetai à genoux au chevet du mourant, raconte t-il, et tandis qu'il gémissait, Priez, oh priez pour moi !
Je suis trop mauvais pour que Dieu me pardonne ! »
Je pris sa main et je balbutiai une prière, suppliant Dieu qu'il nous reçoive en grâce l'un et l'autre. Alors, le petit soldat s'apaisa. Je lui récitai le peu que je savais des promesses de Dieu et il me pressa la main comme pour signifier qu'il avait compris. »
Rien n'était plus propre à affirmer la foi du néophyte que ce premier appel et cette précieuse occasion. Ce fut le début d'un ministère abondamment béni, car Wittle devint un vrai gagneur d'âmes.
Bien chers, reprenons foi dans l'Evangile qui est une bonne nouvelle, qui guérit les cœurs brisés, soulage les opprimés, et qui est toujours capable de délivrer...
Chantons ces merveilleux cantiques qui touchent les cœurs, appellent à se donner au Seigneur, nous invitent à retrouver la fraîcheur de l'Evangile. Combien de fois suis-je encore bouleversé par ces chants qui parlent à nos cœurs de l'œuvre merveilleuse du Seigneur, de son pardon, de la réconciliation, de son amour ineffable...

En exemple, un couplet d'un cantique écrit il y a bien longtemps par Mlle E.Schurer :
« Aujourd'hui tu m'appelles, tu veux laver mon cœur,
Et mes pensées rebelles, tu veux changer Seigneur,
Loin de ta bergerie, j'errais dans le péché
Pour me sauver la vie, Jésus tu m'as cherché »

Je voudrais encore rappeler ici l'histoire d'Horatio Spafford, avocat de grande renommée, papa de quatre filles, et serviteur auprès de l'Evangéliste D.L Moody.

En 1871, lors de l'incendie dans la ville de Chicago, il a perdu tous ses biens immobiliers. Son épouse et ses filles embarquent pour l'Europe, leur grand bateau est touché en plein océan, et parmi les 226 passagers, ses quatre filles ont péri. Leur maman a survécu par miracle.
Horatio Spafford s'est rendu au pays de Galles pour consoler sa femme et lorsque le capitaine lui a montré l'endroit précis ou le bateau avait coulé,…Dieu l'a inspiré pour écrire les paroles de ce chant :

« Tout est bien dans mon âme »
« Quand ta paix comme un fleuve inonde mon cœur,
Ou si la souffrance me surprend,
En toutes circonstances, tu m'apprends à chanter :
Tout est bien car ta grâce me suffit »
Tout est bien, tout est bien,
Dans mon âme, dans mon âme
Tout est bien, tout est bien dans mon âme.

Béni soit le Seigneur pour tous ces hommes et femmes remarquables qui nous ont précédés, qui sont pour moi des exemples, et qui m'incitent à louer le Seigneur en tous temps. Ces Chrétiens que ni la tribulation, ni l'angoisse, ni la persécution, ni la faim, ni la nudité, ni le péril, ni l'épée n'ont pu séparer de l'amour de Christ…

Je vous admire d'avoir été aussi fidèles, aussi courageux, aussi braves, hardis, confiants dans notre Seigneur… Vous m'encouragez encore aujourd'hui, à chanter la gloire de notre Dieu :

Psaume 59 / 18 Version TOB :
« Je te chanterai, toi ma force. Ma citadelle, c'est Dieu, le Dieu qui m'est fidèle ! »

LETTRE N°5

"La paix"

Jean 14/27 Version Pvv :
« *27 (Je pars, mais) je vous laisse la paix, c'est ma paix que je vous donne. Ce cadeau n'a rien de commun avec ce que le monde peut donner, avec sa paix à lui. C'est pourquoi, cessez d'être inquiets et de vous laisser troubler. Bannissez toute crainte de vos coeurs.* »

Nous vivons dans un monde qui ne connaît pas la paix. Que ce soit à l'échelle mondiale, familiale ou personnelle, c'est un idéal que beaucoup recherchent.
Qui saura vous donner la véritable paix ?
La parole de Dieu nous indique que la paix de Jésus est bien différente de celle du monde et que la façon de la recevoir est aussi bien différente.
Elle ne peut venir d'une quiétude acquise par des actions méritoires, par la possession de biens matériels, par des activités joyeuses !
La paix du monde peut exister, ponctuellement, d'une façon passagère, non durable et c'est en cela que le Seigneur nous dit qu'elle n'est pas véritable, elle ne peut être que provisoire, temporaire !
La véritable paix, celle qui nous établit dans la sérénité et nous place en sécurité, c'est celle d'un cœur réconcilié avec Dieu par Jésus-Christ. Il faut aller chercher cette assurance auprès du Seigneur et faire foi à l'Evangile.
En lisant dans l'Evangile de Luc, au chapitre 2, versets 8 à 14, on peut découvrir que Dieu accorde la paix à ceux qu'il agrée, à ceux qu'il aime. Force est de constater que aujourd'hui, beaucoup de chrétiens n'ont pas la paix véritable qui vient de Christ, mais plutôt celle qui vient du monde et qui est éphémère ! Aussi, sont-ils troublés au moindre événement déstabilisateur.

Il nous est arrivé récemment à mon épouse et moi même, une histoire dans ce genre, un problème extrêmement perturbant avec une pression pour que nous perdions la paix, et il y avait de quoi !
Mais le Saint-esprit m'a donné le discernement que dans cette affaire, je devais faire tous mes efforts pour me confier au Seigneur et ne pas intervenir en perdant patience..Tous mes efforts pour garder cette paix qui surpasse toute intelligence et qui est un trésor à la portée de tous les enfants de Dieu !

Merci Seigneur parce que nous étions deux, et que nous avons pu nous encourager, nous exhortant à nous maintenir dans cette tranquillité, ce calme et cette confiance qui font notre force !
J'ai du lutter pour ne pas me laisser emporter, entraîner dans les désirs de ma chair qui criait à l'injustice, qui réclamait sa part d'intervention, mais, au fur et à mesure

que je résistais à la tentation, je mesurais que cette paix était grandiose, que c'était merveilleux de passer ces épreuves avec l'approbation de Dieu !

Je me réjouis que le Seigneur nous ait rendus capables de supporter ces difficultés en faisant de nous des vainqueurs. La paix de Jésus, acquise à un si grand prix, ne doit pas nous être enlevée, volée, à la moindre épreuve, comme si elle n'avait que peu de valeur !
Chers frères et sœurs, c'est une perle de grand prix, une perle inestimable, une semence qui nous vient du ciel… et que nous devons cultiver et apprécier. Ce repos, cette quiétude, ne peuvent pas venir nous recouvrir par des efforts personnels, seule notre foi dans celui qui a la capacité de multiplier et la grâce et la paix nous permettra de bannir toute crainte de nos cœurs.
Ce cadeau nous vient de Dieu et il n'a rien de commun avec ce que le monde peut donner !

LETTRE N° 6

"La croix"

Découvrir les dimensions divines de la croix

Nous regardons la croix presque toujours d'un point de vue humain. Nous confessons que Jésus est mort à la croix pour nous, afin de payer le prix pour nos péchés, et d'ouvrir le chemin du ciel pour nous. Nous nous réjouissons du pardon accordé, et de l'accès que cela nous donne pour une nouvelle vie…Mais il y a bien plus que cela, il a triomphé des dominations qui veulent nous limiter dans notre foi, notre bénédiction !

Colossiens 2/15 :
« 15 il a dépouillé les dominations et les autorités, et les a livrées publiquement en spectacle, en triomphant d'elles par la croix. »

Nous devons méditer pour découvrir les dimensions divines de la croix pour ne pas réduire ce sacrifice, le limiter par notre compréhension humaine. Jésus n'avait pas de péché, il n'avait pas besoin de la croix, sa nature humaine ne voulait pas de la croix, il a d'ailleurs prié par trois fois :
Mathieu 26/39 : *« Mon père, s'il est possible, que cette coupe s'éloigne de moi »*
Pourquoi s'est-il laissé crucifier ? Pourquoi a-t-il accepté les clous, les ténèbres et la solitude ? Flagellé, couronné d'épines, on s'est moqué de lui, on lui a craché au visage, il a été trahi, on l'a renié, tous l'ont abandonné !
Pourquoi n-a-t-il pas relevé le défi du premier des deux crucifiés à ses cotés, qui lui lance :
Marc 15/30 :
« sauve-toi toi-même, en descendant de la croix »

Finalement, si Jésus était descendu de la croix, personne n'aurait douté qu'il était le fils de Dieu…Oui, mais nous ne serions pas pardonnés, sauvés ! Vous remarquerez ici que ce n'est pas la croix qui nous sauve mais le sang de jésus qui a été versé :
Ephesiens 1/7 :
« En lui, nous avons la rédemption par son sang, le pardon des fautes selon la richesse de sa grâce »

Jésus a souffert, il est mort à la croix parce que, en tant que fils de Dieu, il veut nous faire entrer dans des dimensions divines, beaucoup à ce moment là du sacrifice, comme sa mère par exemple voyaient la fin d'une vie, la fin d'une histoire ! Mais Jésus est allé à la croix sachant qu'elle représentait un nouveau commencement pour l'humanité, pour ceux qui croiraient et accepteraient ce sacrifice comme étant le déclenchement, le départ d'une nouvelle vie !

Hébreux 12/2 Version Pvv :
« *Gardons les yeux fixés sur Jésus ; dans cette course de la foi, il est notre chef de file et nous mènera au but. Parce qu'il avait en vue la joie qui lui était réservée, il a affronté la mort sur la croix, sans tenir compte de la honte attachée à un tel supplice, et désormais il siège à la droite de Dieu.* »
Jésus voyait bien plus loin, il nous est dit qu'il voyait déjà « la joie qui lui était réservée », la joie d'avoir accompli la volonté du Père, la joie d'avoir vaincu le péché, la mort, le diable, et la grande joie d'avoir ouvert le chemin du ciel pour l'humanité toute entière…… pour nous……
Permets nous, Seigneur de voir les dimensions divines, aides nous à comprendre et saisir les victoires acquises dans cette obéissance, ce renoncement, ce sacrifice, nous désirons ardemment recevoir ces paroles :
Jean 19:30 « *Et quand Jésus eut pris le vinaigre, il dit : Tout est accompli. Et ayant baissé la tête, il rendit l'esprit.* »

Aides-nous Seigneur à voir, à recevoir, à nous emparer par ce « tout est accompli », de la victoire pour nos souffrances, nos humiliations, nos défaites, nos échecs, nos chutes… Aides nous à fixer nos regards sur toi cher Jésus, nous rappeler combien tu as souffert pour notre victoire… Permets nous Seigneur de percevoir, d'acquérir, les dimensions divines de tes promesses !
Nous voulons recevoir pour nous, dans ce « tout est accompli », la victoire pour nos prières non encore exaucées, pour les tempêtes non calmées, pour les délivrances non acquises dans nos vies, que nos inquiétudes, nos soucis, soient déposés et abandonnés là, dans ce « Tout est accompli » !
Aides nous à voir la croix non comme une fin mais comme un commencement de vie nouvelle , non comme un terminus, mais comme une entrée dans une joie qui est réservée aux enfants de Dieu…
En toi, parce que « Tout a été accompli », nous pouvons trouver la joie, la paix, le bonheur et la victoire que tu places devant nous.

1 Pierre 1/3 :

3 ¶ Béni soit le Dieu et Père de notre Seigneur Jésus–Christ qui, selon sa grande compassion, nous a fait naître de nouveau, par la résurrection de Jésus–Christ d'entre les morts, pour une espérance vivante,
4 et 5 pour un héritage impérissable, sans souillure, inaltérable, qui vous est réservé dans les cieux, à vous qui êtes gardés par la puissance de Dieu, au moyen de la foi, pour un salut prêt à être révélé dans les derniers temps.

LETTRE N°7

"Mettre la parole de Dieu en pratique"

Jacques 1 / 22 à 24
22 Mettez en pratique la parole, et ne vous bornez pas à l'écouter, en vous trompant vous-mêmes par de faux raisonnements.
23 Car, si quelqu'un écoute la parole et ne la met pas en pratique, il est semblable à un homme qui regarde dans un miroir son visage naturel,
24 et qui, après s'être regardé, s'en va, et oublie aussitôt quel il était.

D'autres versions disent : « Si vous ne la mettez pas en pratique, vous risquez de vous faire des illusions sur vous-mêmes »
Illusion veut dire mirage, erreur, chimère, utopie…

Je remercie notre Seigneur de ce que, si nous sommes honnêtes, il nous fait voir notre vrai « visage », celui qui sans masque, est imparfait, sans le sourire n'est pas toujours très avenant, celui qui tourmenté parfois n'est pas spécialement agréable à regarder… Celui qui ayant perdu courage, ayant perdu la paix, a en même temps perdu la sérénité, la confiance…

Ici, dans ce passage, il nous est dit que « si quelqu'un écoute la parole sans la mettre en pratique, il est semblable à un homme qui regarde dans un miroir son visage naturel »…Puis il s'en va, oubliant, parfois volontairement qui il est vraiment…Il préfère conserver son masque, plutôt que revenir dans la parole pour recevoir la bénédiction, en décidant de la mettre en pratique, en réclamant au Seigneur de l'aide, afin qu'il vienne nous affermir, nous rendant fort, en nous donnant le pouvoir de tenir ferme dans l'application…

Cette parole de Dieu qui est là, devant nous est le miroir qui révèle ce à quoi nous ressemblons vraiment aux yeux de Dieu, là, il n'est plus question de parader, de paraître, et la question ici est de vouloir, de prendre la décision, de faire tous nos efforts, avec l'aide de notre Seigneur, de nous y conformer !
Ou bien… de nous regarder rapidement, de ne pas prêter attention à ce qui ne va pas, et de partir en se rassurant, en oubliant qui nous sommes véritablement…

Il est bien connu que les hommes utilisent les miroirs d'une manière toute particulière, ils y jettent un coup d'œil rapide, pour vérifier que rien d'important, rien de trop voyant ne cloche dans leur apparence, puis s'en vont…Les femmes n'agissent pas ainsi !
Elles sont bien plus soucieuses de leur apparence, d'ailleurs elles ont en général un miroir dans leur sac à main, et vérifient une dernière fois si tout va bien dans celui de la voiture ! Cela ne veut pas dire que la parole de Dieu est plus mise en pratique, mais

nous pouvons nous inspirer de ces démarches pour illustrer la différence qui existe entre jeter un regard rapide sur soi-même, et être particulièrement attentif, devant ce miroir qu'est la parole de Dieu.

Il restera alors à demander à notre Seigneur de l'aide pour transformer ce qui nous est dit, en réalité pratique, en mise en application des conseils qui nous sont donnés. Dans cette expérience, nous verrons qu'il n'y a rien de plus efficace, rien de plus bénissant que d'être en accord entre dire et faire, entre écouter et pratiquer.
Lorsque nous lisons la bible, le Saint-esprit tient un miroir devant nous, il veut que nous parvenions à nous analyser nous-mêmes, afin d'apporter à notre caractère, les ajustements nécessaires…
Il se peut qu'en cours de route, sous la pression, à cause de nos faiblesses, de nos afflictions ou de nos conflits, nous ayons légèrement dérivé.. Surtout si pendant cette période, nous sommes restés sans miroir, sans conseils bibliques, donc sans possibilité de réajustement…

Nous pouvons lire dans la suite des versets de Jacques, chapitre 1 verset 25 :
« *Mais celui qui aura plongé les regards dans la loi parfaite, la loi de la liberté, et qui aura persévéré, n'étant pas un auditeur oublieux, mais se mettant à l'oeuvre, celui-là sera heureux dans son activité.* »

Il ne s'agit donc pas ici de se regarder dans le miroir et faire comme si de rien n'était, passant sur ce qui est reflété par l'image que celui-ci nous rend…Non, une autre version dit :
« *25 Par contre, si quelqu'un scrute attentivement la loi parfaite qui nous donne la vraie liberté et s'il l'étudie assidûment, s'il vit avec elle et lui demeure fidèlement attaché, il en arrive ainsi, non à écouter pour oublier, mais à agir ponctuellement d'après ce qu'il aura entendu. Un tel homme trouvera le bonheur en obéissant à la Parole.* »

Que la grâce et la paix de Dieu vous soient multipliées !

LETTRE N°8

"Avons-nous honte de l'Evangile de Jésus-Christ?"

Romains 1 / 16 :
"16 ¶ Car je n'ai point honte de l'Evangile: c'est une puissance de Dieu pour le salut de quiconque croit, du Juif premièrement, puis du Grec……
En relisant certaines citations d'hommes célèbres, je me suis réjoui et dans le fond j'ai été particulièrement encouragé de ce que nous ne devons pas avoir honte de la bible, de l'Evangile de Jésus-Christ…..
Napoléon 1er, Empereur a dit ceci:
"L'évangile possède une vertu secrète, je ne sais quoi d'efficace et de chaleureux qui agit sur l'entendement et qui charme le cœur. L'Evangile n'est pas un livre: c'est un être vivant."
Winston Churchill a déclaré:
"Que les savants continuent à multiplier leurs découvertes!... Tout ce qu'ils réussissent à faire, c'est de rendre plus persuasives l'admirable simplicité et l'exactitude fondamentale des vérités enregistrées dans les livres sacrés qui ont éclairé jusqu'à aujourd'hui le pèlerinage de l'homme"
Abraham Lincoln :
"J'ai compris, il y a longtemps déjà, qu'il était moins difficile de croire que la bible est ce qu'elle prétend être que de ne pas le croire. Ce grand livre de Dieu est le don le meilleur que Dieu ait jamais fait à l'homme."

Jean Jaurès:
"La bible fait bondir la tète et le cœur des hommes, tressaillir les collines. C'est le livre…des prophéties annonçant l'égalité fraternelle des hommes, amenant la disparition de la guerre entre les peuples"
Bien entendu, certaines de ces personnalités, tout en reconnaissant la vérité, en admettant l'intérêt de l'être humain pour les saintes écritures, n'ont pas forcément cherché à appliquer ses principes, en sollicitant la communion avec Dieu!
Comme l'histoire du savon qui est bien à notre disposition, mais ne devient efficace que si nous l'utilisons! Néanmoins, ces réflexions ne peuvent avoir été faites qu'après une lecture des Saintes écritures, même succincte ou partielle, et elles doivent nous encourager pour croire que la Bible ne laisse pas l'homme indifférent, quoiqu'il en dise!
Bien chers, nous avons un message Evangélique à apporter à ce monde, c'est-à-dire une bonne nouvelle, et en même temps, ce message d'amour, de paix et de salut est subversif, autrement dit révolutionnaire !
Pourquoi? Parce qu'il parle de pardon, de réconciliation, d'amour fraternel, de sincérité, de vérité….Parce que il nous invite à aimer même nos ennemis. Ainsi, la sagesse de Dieu nous conduit à contre courant, à dénoncer le péché, à supporter les sarcasmes de ceux qui ne veulent pas reconnaître qu'ils ne sont rien, que ici-bas tout

passe et que nous n'emporterons rien de nos gains…mis à part notre condamnation.. Si tel est le cas! Il faut bien avouer que notre société actuelle ne prêche rien de semblable, les statistiques et la réalité font démonstration du contraire.

<u>1 Théssalonniciens 2/4:</u>
"3 Car notre prédication ne repose ni sur l'erreur, ni sur des motifs impurs, ni sur la fraude;
Mais, selon que Dieu nous a jugés dignes de nous confier l'Evangile, ainsi nous parlons, non comme pour plaire à des hommes, mais pour plaire à Dieu, qui sonde nos coeurs.

En annonçant la bonne nouvelle, nous pouvons aider à redonner un sens à cette société qui s'égare…en dénonçant le mensonge, le trop de liberté des mœurs, la malhonnêteté, l'infidélité, l'égoïsme, l'arrogance, la rébellion, la cupidité, la malice etc…..
N'oublions pas ceux qui ont perdu leur vie dans les arènes ou sur les bûchers et qui ont transmis le message à la génération suivante qui en a fait de même jusqu'à nous:

<u>Hébreux 11 / 4, BFC :</u>
" Par sa foi, Abel parle encore, bien qu'il soit mort.

Nous devons être de ceux qui relèvent le défi avec courage, bien établis dans nos convictions, appuyées sur la parole de Dieu, sur les récits de ces hommes de foi qui nous ont précédés et qui continuent de nous parler!
Je conclurai par ce verset d'Ecclésiaste 11/4 :
"4 Celui qui observe le vent ne sèmera point, et celui qui regarde les nuages ne moissonnera point.
Serons-nous de cette génération qui parlera de l'Evangile parce qu'elle croit en sa puissance ?

LETTRE N°9

"Obtenir les promesses de Dieu"

Hébreux 11/ 33 :
"*33 qui, par la foi, vainquirent des royaumes, exercèrent la justice, obtinrent des promesses,……*

Obtenir, c'est acquérir, s'emparer, saisir…..
La libération de l'esclavage n'était pas le but final de Dieu pour son peuple!
S'il les fit sortir d'Egypte, c'était afin de les conduire dans leur propre pays, celui qu'il leur avait promis !
Pourtant, si la promesse était pour tous, ils n'y sont pas tous parvenus, pour des raisons de doutes, de contestations, murmures en cours de route, les paroles prononcées par certains contestataires invétérés entraîneront Moise à manifester de la colère, et lui non plus, à cause des "casseurs de moral", des critiqueurs ne verra pas le pays ou coulent le lait et le miel!

Dieu s'était engagé, plusieurs générations avant Josué, envers Abraham, en lui faisant contempler tout le pays qu'il lui donnerait, à lui et à sa postérité.

Mais, pour atteindre ce pays, il y avait plusieurs étapes importantes, de nombreux obstacles à franchir, et nous nous interrogeons forcément sur le fait que l'Eternel qui avait fait la promesse, aurait pu tout aussi bien, aplanir tous les sentiers, et permettre à son peuple de passer par un chemin, plus proche, plus facile, ne demandant ni efforts, ni foi particulière, ni obéissance qui fait appel à l'humilité…..Mais non, c'est un autre chemin choisi par le Seigneur, chemin par lequel personne n'est encore passé, fait de découvertes, d'imprévus, réclamant confiance, obéissance, soumission..

Oui, nous non plus, nous ne sommes pas toujours d'accord avec les épreuves qui nous paraissent inutiles, déprimantes, difficiles à accepter, ces détours qui nous agaçent, nous font trébucher, ces combats à mener….

Pourtant lorsque j'entends les témoignages des uns et des autres, ce qui rend gloire à Dieu, c'est toujours la démonstration qu'il a fait d'aider à passer les obstacles, d'intervenir de façon miraculeuse pour nous sortir de telle ou telle situation conflictuelle! Ce qui rend gloire à Dieu, c'est qu'il nous fait triompher en Christ.

Les Israélites étaient esclaves, et le Seigneur a commencé par les sortir, les arracher à la servitude, les délivrer de l'esclavage. Mais comme pour nous, cela n'est pas le but final, c'est le commencement d'une vie nouvelle pour un objectif, pour faire de bonnes œuvres, pour marcher vers une destination et destinée hors du commun, puisqu'elle nous amène vers l'Eternité!

Il nous a arrachés, délivrés de notre vaine manière de vivre, et il veut nous entraîner maintenant à agir selon ses prescriptions, selon sa volonté. Une vie de plénitude en Christ, oui, en Christ...

Pour entrer dans les promesses de Dieu, pour les obtenir, il y a des conditions, et nous devons considérer que la bible n'est pas seulement un livre à lire, mais un livre à vivre!

Elle n'est pas un livre de souhaits, c'est un livre à vivre par la foi, et nous devons cultiver jour après jour, les semences que sont ses promesses! Il y a de l'espoir si vous pratiquez l'espoir, il y a réalisation des promesses si vous gardez la foi jusqu'à leur "obtention"!

Seigneur, je ne me croyais pas aussi important pour que tu veuilles me délivrer de cet esclavage, et lorsque je me rends compte que sans toi, il m'aurait été impossible de, passer la mer rouge...je veux me réjouir en me trouvant de l'autre coté, à l'abri de ceux qui en voulaient à ma vie!

La bible, ce livre à lire et à vivre, nous invite à prendre courage dans les promesses qui nous sont adressées, le Seigneur ne nous cache pas que dans certaines situations, il nous faudra faire preuve de force de caractère, de courage, pour rester dans l'obéissance, c'est ce qui est rappelé à Josué, chapitre 1 verset 7:
7 Seulement sois fort et très courageux, pour veiller à mettre en pratique toute la loi que Moïse, mon serviteur, a instituée pour toi.

Faire un détour, combattre, ne sont rien si nous sommes dans le chemin de Dieu et donc si c'est lui qui nous conduit! Nous restons alors protégés, encouragés par ses diverses interventions miraculeuses, et nous sommes valorisés par les victoires qui nous sont accordées.

Dans ce parcours, il nous fait reposer de temps à autre, il nous restaure et nous ne manquons de rien, même dans la vallée de tous les dangers, il est là pour nous rassurer,
Psaume 23 verset 4: " *Quand je marche dans la vallée de l'ombre de la mort, Je ne crains aucun mal, car tu es avec moi: Ta houlette et ton bâton me rassurent.*"

LETTRE N° 10

« La Loi de la Semence »

Galates 6/7 :
"7 Ne vous y trompez pas: on ne se moque pas de Dieu. Ce qu'un homme aura semé, il le moissonnera aussi"

Nous avons là un principe biblique immuable, il nous invite à bien méditer sur le fait qu'il existe des lois spirituelles perpétuelles et qu'il est bon pour chacun de nous de s'en inspirer!

Bien souvent, nous regrettons presque d'avoir fait une bonne action, à l'endroit d'une personne, qui selon nous, ne le méritait pas, puisque le fruit semble ne pas correspondre à la semence! Tout d'abord, ne jugeons pas avant le temps, ensuite, lorsque la semence est en terre, laissons Dieu la faire croître, en arrosant par nos prières.
Sur le principe de la semence, nous pourrions prendre l'exemple de l'écho:

Je suis sur que vous connaissez l'histoire de ce petit garçon, qui, dans un moment de rage, cria à sa mère qu'il la haïssait. Craignant sans doute d'être puni, il sortit en courant de la maison et se rendit sur une colline d'où il cria: "Je te hais, je te hais, je te hais!". Du fond de la vallée, revint l'écho: "je te hais, je te hais, je te hais!". Surpris, le petit garçon courut dire à sa mère qu'un méchant petit garçon dans la vallée, clamait tout haut qu'il le haïssait. La maman le ramena à la colline et lui dit de crier: "Je t'aime, je t'aime, je t'aime." Le petit garçon s'exécuta et cette fois, il découvrit qu'il y avait en bas, dans la vallée un autre petit garçon qui disait:
"Je t'aime, je t'aime, je t'aime".

Bien chers, la vie est un écho, nous récoltons ce que nous avons semé, ce que nous offrons nous revient en bénédiction!
Le Seigneur nous dit, Romains 12/21, version Tob:
"21 Ne te laisse pas vaincre par le mal, mais sois vainqueur du mal par le bien.

Jésus, durant sa vie terrestre nous a donné l'exemple, il a toujours crié :" je t'aime, je t'aime, je t'aime" et il continue encore aujourd'hui à nous interpeller lorsque nous sommes touchés dans notre for intérieur, par les agressions de ce monde: "continue d'aimer, c'est cela ta mission de Chrétien"…Efforce toi d'aimer!

La vie de tous les jours nous pousse à utiliser les mêmes armes que le monde pour nous défendre, mais là encore, Notre Dieu nous invite à prendre des armes spirituelles, à laisser de coté celles qui sont charnelles, il nous invite à rester

totalement dépendants de sa grâce pour pouvoir endurer, accepter, subir certaines railleries, opprobres!
Dans ces principes bibliques de la récolte qui se fera en fonction de la semence, il nous est dit par ailleurs:
Luc 6 / 38:
" *Donnez, et il vous sera donné: on versera dans votre sein une bonne mesure, serrée, secouée et qui déborde; car on vous mesurera avec la mesure dont vous vous serez servis.*

Je lisais récemment cette histoire d'un boulanger qui soupçonnait un fermier de tricher sur le poids du beurre qu'il lui vendait. Il vérifia le poids avec soin pendant plusieurs jours, et ses soupçons furent confirmés!
Plein d'indignation, il fit arrêter le fermier. Au procès, l'explication du fermier donna satisfaction au juge mais chagrina le boulanger! Comme il n'avait pas de balance, le fermier expliqua qu'il s'en était fabriqué une à plateaux, et qu'il se servait d'un pain acheté quotidiennement chez le boulanger comme poids, comme mesure!
"Tel est pris qui croyait prendre"!

Le bon jugement, la bonne mesure, ce sont celui et celle qui nous viennent de Dieu, du Saint-esprit, inspirés par la parole de Dieu...Et celle-ci nous parle de possibilités, et non d'impossibilités. Ainsi, elle nous encourage à ne jamais nous décourager!

Restons convaincus que nos semences, nos "mesures" spirituelles produisent du fruit et défient les impossibilités!
Psaume 126/5:
"5 Ceux qui sèment avec larmes Moissonneront avec chants d'allégresse.

La promesse nous est faite d'une rémunération, d'une récolte, et parfois, nos semences sont des larmes, c'est pourquoi, gardons nous de toute appréciation humaine, dans le sens de ne jamais apporter un jugement sur la récolte sans connaître le "prix" de la semence.

Bien chers, ne vous découragez pas, continuez votre travail de bénédiction, continuez à semer pardon, compassion, miséricorde, bonté, paix ...C'est ce à quoi
Nous sommes appelés, apporter une bonne nouvelle, un message de réconciliation, de restauration, de vie nouvelle, alors, en quoi serions nous répréhensibles?

LETTRE N°11

"Le combat"

Lutte, conflit, bataille, bagarre, que de significations diverses et variées pour cette expression.
D'un point de vue spirituel, nous pouvons nous inspirer de ces paroles de Paul dans sa lettre à 1 Timothée, chapitre 1 verset 18:
"18 ¶ Le commandement que je t'adresse, Timothée, mon enfant, selon les prophéties faites précédemment à ton sujet, c'est que, d'après elles, tu combattes le bon combat."
Nous pouvons dire que s'il existe un bon combat, il existe aussi un mauvais combat, la bible nous enseigne :
Romains 12/21 :
"21 Ne te laisse pas vaincre par le mal, mais surmonte le mal par le bien."
Les encouragements à une liberté débridée, sans foi ni loi, me font penser que l'on a interverti ce que nous dit la parole de Dieu: "Ne te laisse pas vaincre par les conseils bibliques, n'écoute pas les "puritains" mais plutôt laisse toi aller à tes aspirations, sans rien réprimer".
Dans cette opposition, cette résistance dont chaque chrétien doit faire preuve, il y a forcément luttes, conflits, batailles, extérieures et intérieures!

La conversion, la régénération ne suppriment pas la vieille nature, notre nature humaine n'est pas devenue subitement une nature divine, la nouvelle naissance nous permet dorénavant d'avoir accès à la grâce de Dieu, à sa parole, de pouvoir faire appel au Saint esprit pour nous secourir, nous venir en aide dans nos besoins.
Restent les tendances de la chair, de sa volonté propre, et nous avons à lutter contre nos raisonnements, nos logiques, nos sentiments, nos émotions, en résumé, contre les aspirations de la chair… comme indiqué dans Galates chapitre 5 verset 17:
"17 Car la chair a des désirs contraires à ceux de l'Esprit, et l'Esprit en a de contraires à ceux de la chair; ils sont opposés entre eux, afin que vous ne fassiez point ce que vous voudriez."

La parole de Dieu nous indique le chemin de la victoire :

"Ephésiens 6/10:
"10 ¶ Au reste, fortifiez-vous dans le Seigneur, et par sa force toute-puissante".
II Corinthiens 10/3 :
"4 Car les armes avec lesquelles nous combattons ne sont pas charnelles; mais elles sont puissantes, par la vertu de Dieu, pour renverser des forteresses.

Réaliser, prendre conscience qu'il y a un combat à mener, nous aideront à garder les yeux ouverts, notre esprit en éveil, et cela nous sera souvent bénéfique parce que le

Saint esprit nous préviendra par avance des situations de désaccord, d'opposition, de dissension!
Nous pourrons ainsi, préparer par la prière ce qui aurait pu nous déstabiliser et qui ne sera qu'un incident de parcours par la grâce toute puissante de Dieu!

Ne refusons pas ces combats spirituels qui sont pleins d'enseignements, d'autant qu'une fois l'obstacle passé, ils nous permettent de rendre témoignage et ainsi donner toute la gloire à Dieu!
Si vous vivez un conflit actuellement, méditez que peut-être, jusqu'à ce jour vous vous êtes épuisés à lutter humainement, charnellement, sans aucun résultat, alors, confessez tous les matins:
*"4 Car les armes avec lesquelles **je combats (dorénavant)** ne sont pas charnelles; mais **elles sont puissantes, par la vertu de Dieu,** pour renverser des forteresses."*

Il ne s'agit pas là, de prononcer des formules magiques, mais de s'installer dans la foi, nous appuyant sur la parole de Dieu, pour que lui-même combatte pour nous !
Nous savons tous qu'il a vaincu les dominations, qu'il est sorti vainqueur de cette confrontation avec les puissances d'opposition:

Colossiens 2/ 13:
*"15 il a dépouillé les dominations et les autorités, et les a livrées publiquement en spectacle, **en triomphant d'elles par la croix."***

Prière:

Tu vois Seigneur, mes difficultés du moment, j'ai besoin que tu prennes en compte la période difficile que je traverse, mon combat est devenu inefficace parce que les armes employées sont sûrement charnelles alors que je les croyais spirituelles, maintenant, dés ce moment, je me décharge sur toi de ce fardeau, je te remets entièrement cette situation, je l'abandonne totalement entre tes mains, et je sais que dorénavant, mes armes qui ne sont plus charnelles, sont devenues puissantes et efficaces par la vertu de Dieu!   Amen !

LETTRE N°12

"L'Encouragement"

<u>Romains 12/8 Version PDV:</u>
"8 si quelqu'un a le don d'encourager, qu'il encourage"

Récemment, je lisais cette histoire d'un touriste dans une île, remarquant une foule qui se pressait sur le quai du port, s'approcha, intrigué par ce mouvement. Il découvrit que les gens s'avançaient près d'un homme en train de se préparer pour un voyage autour du monde en solitaire, à bord d'un frêle esquif qu'il avait construit lui-même!

Le plus grand nombre s'évertuait à lui décrire les dangers imprévus qu'il rencontrerait. Notre touriste s'approcha de cet homme pour lui prodiguer des paroles d'encouragements, et tandis que le bateau s'éloignait doucement du quai, il se mit à lui crier:
"Courage, vous réussirez, ne vous laissez jamais abattre, vous pouvez réussir!"
Cet homme était doué d'un don d'encouragement, et nous avons besoin souvent d'entendre ce genre de propos, plutôt que les interminables critiques, fondées uniquement sur des raisonnements et analyses de probabilités humaines et seulement humaines!

Nous avons de nombreux exemples dans les saintes écritures qui nous aident et nous encouragent à laisser de coté ces paroles négatives démoralisantes, voulant nous entraîner dans la désespérance, la lassitude, la dépression!

Dans l'Evangile de Luc, chapitre 8, à partir du verset 49, nous pouvons lire l'histoire concernant la fille de Jairus et sa guérison, et ce que nous pouvons remarquer plus particulièrement aujourd'hui, c'est que Jésus écarta ceux qui se lamentaient, ceux qui se moquaient de lui, sachant qu'elle était morte…Ils en étaient certains….
"51 Lorsqu'il fut arrivé à la maison, il ne permit à personne d'entrer avec lui, si ce n'est à Pierre, à Jean et à Jacques, et au père et à la mère de l'enfant.
52 Tous pleuraient et se lamentaient sur elle. Alors Jésus dit: Ne pleurez pas; elle n'est pas morte, mais elle dort.
53 Et ils se moquaient de lui, sachant qu'elle était morte".

Les spécialistes anti foi étaient bien là, présents pour accentuer la tristesse, aider à entrer dans la dépression, la mélancolie, le chagrin!

Nous, Chrétiens devons lutter contre ces idées, ces raisonnements de la majorité qui nous targuent d'insensés parce que nous croyons ce qui n'est pas croyable à vues humaines! Le royaume de Dieu n'est pas une démocratie, seul le vote de Dieu compte!

Même si les autres ne sautent pas de joie à l'annonce de notre foi, de nos encouragements, nous n'avons pas à attendre leur soutien, car ils ne sont pas obligés de croire à ce que Dieu nous dit en privé ou dans l'Eglise!
Et nous pouvons nous dispenser de leur accord, pour continuer à envisager l'action de Dieu, pour aller avec foi jusqu'à l'accomplissement de ses promesses pour nous.

Même si nous sommes incompris, même s'ils se moquent de nous comme il en a été question au verset 53 de Luc 8……Même si certains refusent de nous encourager, de nous supporter (porter par en dessous, soutenir), ce que le Seigneur a promis d'accomplir arrivera, sans aucun doute, il aime ceux qui s'engagent avec lui, ceux qui s'exposent par des paroles de foi, d'encouragement, d'exhortation…

Bien chers, écartez vous de la foule des "casseurs de moral", de ceux qui aimeraient bien que vous commenciez "une carrière de victime", comme eux!
Faites comme Jésus, continuez votre action dans la foi, votre marche en avant, en gardant assurance et confiance en celui à qui rien n'est impossible.

S'il m'est arrivé souvent d'entendre des détracteurs, vis-à-vis d'une action de foi entreprise, c'est aussi parce que j'ai voulu partager avec des gens qui n'avaient pas un niveau de foi suffisant, ni un don d'encouragement, et l'expérience m'a appris à discerner avec qui je devais partager, avec qui je devais me taire, et je vous invite à acquérir de la sagesse pour apprécier ceux, celles qui peuvent écouter, entendre et vous encourager!

Je redirais encore ici, combien de fois j'ai été béni par des frères et sœurs qui parfois ne se sont rendus compte de rien mais qui m'ont fait tant de bien par leur approbation, encouragements, exhortations!
"Courage, vous réussirez, ne vous laissez pas abattre, Notre Dieu est plus grand que les circonstances, les évènements paraissant contraires!"
Oui, prenez courage et encouragez votre prochain!

LETTRE N°13

"Nouveaux Commencements"

Bonne et heureuse année à tous! C'est ce que l'on souhaite, généralement en début d'année, en espérant que le Seigneur trouve des solutions pour les choses qui nous tiennent à cœur.

Nous devons rester confiants, dans la foi et l'expectative que de "nouveaux commencements" et engagements, nous entraînent dans une période particulièrement bénie.
L'expectative, c'est une attente établie sur des droits, des promesses ou des espérances fondées sur des possibilités. Béni soit le Seigneur qui dans les Saintes écritures, nous encourage et nous enseigne à nous appuyer sur des promesses qu'il est possible d'obtenir.

Ainsi, les débuts d'année sont propices aux nouvelles prises de position, aux déclarations de foi, aux promesses, aux attentes de nouvelles bénédictions. Notre désir profond de voir la gloire de Dieu se manifester encore plus dans nos vies pourrait nous amener à revoir notre engagement ancien pour quelque chose de nouveau, peut-être laisser là, au pied de la croix ce que nous savons être un handicap et qui nous a sûrement gêné dans cette année passée.
La nature elle même se renouvelle, après l'hiver, on voit des nouveautés partout, les prés se remplissent de fleurs, les oiseaux chantent, les bourgeons percent, la nature s'égaye! Nous aussi, espérons en cette nouvelle année, notre grand Dieu l'éclairera de sa lumière sublime!

J'ai lu un jour ce témoignage d'une personne s'étant rendu chez son médecin pour connaître le résultat d'une série d'examens médicaux et le docteur lui a dit:
"Mes constatations scientifiques indiquent que vous allez avoir de graves ennuis. Bref, je suis forcé de vous apprendre que la durée de votre vie est limitée"
"Bon, dit le patient troublé, combien de temps ai-je devant moi?"
"Je ne peux pas vous fixer un délai spécifique, mais en toute franchise, ce pourrait être une question de mois"
L'homme a demandé:"N'y a-t-il aucun espoir pour moi?"
Il avait affaire à un merveilleux médecin, qui lui répondit: "Oui dit-il, il y a de l'espoir si vous pratiquez l'espoir.
Rappelez vous, mon ami, je ne suis qu'un homme qui travaille avec Dieu. Nous traitons le patient, Dieu le guérit. Il se pourrait qu'en établissant un étroit rapport avec Dieu, vous fassiez mentir mon diagnostic."

Notre homme partit pensif et en remontant une avenue en cette journée de printemps, il voyait les fleurs qui commençaient à s'épanouir, les pousses verdissaient les branches. Une pensée lui est venue à l'esprit:
"N'est-il pas étrange que ces arbres, ces plantes vivaces semblent reconnaître l'arrivée du printemps et reviennent à une nouvelle vie?"
Il s'est dit que le renouveau de la vie dans le monde de la nature s'appliquait aussi bien à lui. Il s'est fait alors une déclaration, il a posé une affirmation:
"J'affirme que si cela est possible dans la nature, cela peut se produire également dans mon être physique"
Il est resté dans cette position de foi confirmant jour après jour sa confiance dans le Dieu tout puissant.

Bien des mois ont passé, et son médecin a reconnu qu'il était en train de recouvrer la santé et que ce qu'il avait constaté dans la première visite avait disparu!
Oui, nous pourrions nous appuyer sur cette nature, sur ce futur printemps, sur ce témoignage pour nous attendre avec foi en une nouvelle période bénie, que le Seigneur renouvelle en nous un esprit bien disposé, qu'il renouvelle notre intelligence, notre engagement.
Il en tiendra compte, j'en suis certain, nous ne pouvons pas passer sous silence ses œuvres:

Romains 1/20, PVV
"Depuis la création du monde, les oeuvres de Dieu parlent à la pensée et à la conscience des hommes de ses perfections invisibles : quiconque sait regarder, peut y discerner clairement sa divinité et sa puissance. Aussi, depuis les temps anciens, les hommes qui ont sous les yeux la terre et le ciel et tout ce que Dieu a créé, ont connu son existence et son pouvoir éternel. Ils n'ont donc aucune excuse de dire qu'ils ne savent pas s'il y a un Dieu."

Retrouvons la joie de l'espérance, laissons à nouveau, dans la simplicité, notre cœur être touché par les œuvres de Dieu. Sa création nous parle-t-elle encore?
Que les yeux de nos cœurs soient illuminés :

Selon Ephésiens 1/18 :
" et qu'il illumine les yeux de votre coeur, pour que vous sachiez quelle est l'espérance qui s'attache à son appel, quelle est la richesse de la gloire de son héritage qu'il réserve aux saints,".

LETTRE N°14

"Prêt à tout abandonner ?"

"Le désert"

Quelqu'un a dit qu'il était toujours trop tôt pour tout abandonner.
Il nous arrive à tous de passer par des périodes de désert, ou il nous semble que nous sommes seuls, abandonnés..
Pourtant, dans les déserts les plus arides on découvre toujours des zones privilégiées: Des rares oasis ou la végétation est capable de pousser de manière remarquable. Dans ces moments les plus difficiles, nous pouvons vivre des bénédictions qui dépassent notre entendement comme l'arche de l'alliance traçant le chemin qui devait conduire tout le peuple d'Israël en Canaan… Ne confessons pas que Dieu nous a abandonnés.

Je crois que Dieu veut aussi nous parler dans le désert, c'est ce qu'il a fait pour Agar, lorsqu'elle s'enfuit loin de Saraï voir Osée 2/16 :
" C'est pourquoi voici, je veux l'attirer et la conduire au désert, et je parlerai à son coeur."
Lorsque Agar s'enfuit loin de Saraï, il nous est dit que:
"L'ange de l'Eternel la trouva près d'une source d'eau, dans le désert" (Genèse 16/7)
Elle donna à l'Eternel le nom de Atta-El-roi, c'est-à-dire:"tu es le Dieu qui me voit"

Oui, bien chers, dans le désert, nous pouvons aussi vivre une véritable expérience de bénédiction, connaître un repos particulier à cause de la présence de Christ, si nos yeux sont tournés vers lui.
Dans le livre d'Exode au chapitre 16, après avoir miraculeusement pourvu à leur nourriture en faisant pleuvoir des cailles et la manne, l'Eternel instaura le sabbat dans le désert, afin que le peuple puisse adorer, remercier, se reposer!
Il en est de même pour nous aujourd'hui, il y a un temps favorable dans le désert pour laisser là tous nos soucis, nos fardeaux et profiter de ce moment pour crier à Dieu et nous décharger de ce qui est si lourd!
 Oui, la traversée du désert peut être utile pour redécouvrir une nouvelle relation, une communion différente, jusqu'alors inconnue.

Il n'y a pas de situations sans espoir:
Prenons comme exemple la célèbre toile qui nous montre le diable jouant aux échecs avec un jeune homme. Le diable vient juste de jouer et semble avoir fait échec et mat.
Le visage du jeune homme est celui même de la défaite et du désespoir (sur la toile).
Un jour, le grand géni des échecs, Paul Mercer, s'attarda devant la peinture. IL étudia avec soin la position des pièces sur l'échiquier et soudain, son visage s'éclaira et il apostropha le jeune joueur de la toile:
"N'abandonnez pas, il vous reste encore un mouvement"

A vous aussi, il vous reste encore un dernier mouvement!
Sur le chemin d'Emmaüs, deux disciples marchaient, s'entretenant de tout ce qui venait de se passer concernant la mort de Jésus. La parole de Dieu nous dit que Jésus s'approcha et fit route avec eux. Mais leurs yeux étaient empêchés de le reconnaître.
Ils étaient déçus parce que après la mise au tombeau de Jésus, ils étaient perplexes et se sentaient abandonnés.
Ils voyaient en lui, un prophète, un libérateur, ils espéraient que ce Jésus les délivre du joug des Romains.
Mais il n'en fut rien! Apres avoir entendu leur discours, il leur explique pourquoi cela devait se passer ainsi et quel était le sens de tout cela.
Apres avoir passé plusieurs heures en sa compagnie, les deux disciples voient Jésus rompre le pain et c'est comme un voile qui est enlevé de leurs yeux:
"C'est Jésus, c'est lui, on n'avait vraiment rien compris!"
Jusque là, ils se sentaient abandonnés, oubliés…
Mais Jésus est venu à leur secours, il est venu marcher à coté d'eux, il leur a expliqué pourquoi il était mort et ressuscité, confirmant que la parole prophétique s'était accomplie, qu'il n'avait pas été retenu par les liens de la mort, mais qu'il était revenu à la vie!
Oui, il est toujours vivant pour ceux et celles qui viennent à lui, et dans ce désert ou vous vous trouvez actuellement, il vient passer un moment avec vous, pour vous relever, comme il l'a fait pour les deux compagnons d'Emmaüs.
Là, dans le lieu ou vous etes, demandez à Jésus de faire tomber vos doutes, de vous ouvrir les yeux pour que vous puissiez le voir, à lui, le rémunérateur de ceux qui le cherchent, qu'il ouvre vos yeux sur les miracles qu'il a préparés pour vous aujourd'hui!

Prière :

Nous croyons oh Seigneur, grand Dieu d'Israël, que tu connais toute situation, tu vois tout et tu sais Quelle est mon inquiétude en ce moment.
Viens stp parler à mon cœur, dans ce désert, comme tu l'a fait pour Agar!
J'ai besoin de toi, de ressentir ta présence, en particulier dans ce moment de désespérance par lequel je passe.
Oh Seigneur, que cette intervention miraculeuse te glorifie!

Amen !

LETTRE N°15

"Le bon Berger"

Psaume 23 :
*"L'Eternel est mon berger: je ne manquerai de rien. (Jamais, c'est-à-dire indéfectiblement perpétuellement, constamment et éternellement),..........il me dirige près des eaux paisibles.....**il me conduit** dans les sentiers de la justice...*

Dans ce psaume, nous devons remarquer que David, l'auteur, se place du point de vue d'une brebis qui parle de son propriétaire. En Jean 10, c'est l'approche opposée, Notre Seigneur Jésus-Christ parle en tant que bon berger. L'expression conduire les moutons est fréquemment employée dans les élevages ovins, et cela signifie plus exactement comment le troupeau de moutons est traité par le berger. Dans le nouveau testament, le Seigneur Jésus s'est désigné lui-même comme le bon berger. Ainsi, il parle de la relation unique qui l'unit à ceux qui le suivent, ceux qui ont remis entre ses mains la direction de leur vie.

Jean 10/11
"11 Je suis le bon berger. Le bon berger donne sa vie pour ses brebis".
Quand le Christ entre dans un cœur ouvert, il lui donne la joie, la paix et le rassure. Il apporte aussi les ressources divines qui sont exclusivement siennes:
L'amour, la vie, la lumière, la plénitude....Il désire prendre le contrôle de toutes les activités de la personne qui se donne à lui, pour une nouvelle direction.
L'écriture décrit l'être humain comme obstiné, opiniâtre, têtu, préférant agir selon ses propres capacités, suivre ses propres voies..Voir Esaie 53/6:

" 6 Nous étions tous errants comme des brebis, Chacun suivait sa propre voie; Et l'Eternel a fait retomber sur lui l'iniquité de nous tous.

Tout comme les brebis qui se suivent aveuglément, l'une l'autre, par habitude, nous aussi nous nous accrochons aux mêmes habitudes qui pourtant ont ruiné d'autres existences! Au milieu de tout cela, la voix du Christ retentit, Jean 10/4 et 10 :
" 4 Lorsqu'il les a toutes fait sortir, il marche à leur tête, et elles le suivent parce qu'elles connaissent sa voix.
"10 Le voleur ne vient que pour dérober, égorger et détruire; moi, je suis venu afin que les brebis aient la vie, et qu'elles soient dans l'abondance.

Voici une histoire qui illustre bien ces propos:
Durant la 1ère guerre mondiale, quelques soldats turcs ont essayé de voler un troupeau de brebis sur une colline près de Jérusalem. Le berger qui s'était endormi, se réveilla soudain pour voir son troupeau emporté de l'autre côté du ravin. Il ne pouvait pas imaginer les reprendre par la force de ses propres mains. Mais soudain il eut une idée:

Se tenant de ce côté du ravin il mit ses mains autour de sa bouche en porte-voix et fit retentir son appel particulier, celui qu'il employait chaque jour pour faire venir à lui ses brebis. Les brebis entendirent ce son familier. Elles écoutèrent un instant et, l'entendant à nouveau elles firent demi-tour et dévalant le ravin et remontant l'autre versant, elles retrouvèrent leur berger. Il fut impossible aux soldats de stopper les bêtes. Avant que les soldats puissent se faire à l'idée qu'ils pourraient rattraper le troupeau, le berger était déjà loin à l'abri avec ses brebis. La raison en est que ces brebis connaissaient la voix de leur maître et y ont répondu !
Il est important de rester en contact avec ce bon berger!

Nous devons apprendre à connaître et reconnaître sa voix, car en effet, dans ce monde, nous sommes entourés de bergers imposteurs qui voudraient nous faire croire qu'ils prennent à cœur nos intérêts, mais restons vigilants, car très souvent, il s'agit de prédateurs!
Jésus lui-même les a appelés "loups déguisés en brebis", "faux prophètes", "loups ravisseurs" etc....
Le bon berger, lui, prend soin de ses brebis, celles qui lui appartiennent, Jésus savait que le seul endroit ou les brebis sont sûrement protégées, est près du berger lui-même.

"11 Je suis le bon berger. Le bon berger donne sa vie pour ses brebis.
Si nous sommes familiarisés à la voix de notre maître, si nous sommes attachés et affermis dans la parole de Dieu, alors, tout autre voix nous mettra immédiatement en alerte! Restons en communion étroite avec notre berger, ainsi, nous pourrons refuser les propos subversifs, repousser les attaques de ceux qui tenteraient de détruire notre foi!
"Il est le bon berger et il a donné sa vie pour ses brebis"!

LETTRE N°16

"Sommes nous encore sensibles à la souffrance des autres"

Genèse 4/9 :
"9 ¶ L'Eternel dit à Caïn: Où est ton frère Abel? Il répondit: Je ne sais pas; suis-je le gardien de mon frère?"

Nous lisons ici, dans la réponse de Caïn, la parole du premier des fratricides. Juste avant ces versets, dans le livre de la Genèse, nous voyons la création qui est le plan de Dieu, tout est paix, harmonie et lumière.
Dés cet instant, nous comprenons que l'égoïsme sera le propre de l'être humain. Ainsi, entre les diverses classes d'un même peuple, c'est la même indifférence, le même éloignement, la même froideur, insensibilité!
Qui aujourd'hui, je vous le demande, désire, comme une vocation, s'occuper par exemple du pauvre, de l'esclave, des déshérités de la terre?
Dans le fond, la même interrogation/réponse est sur de nombreuses lèvres:
"Suis-je le gardien de mon frère?
Mais nous Chrétiens, nous avons cru en l'œuvre rédemptrice de Jésus-christ sur la croix, aussi, nous acceptons ce discours ou plutôt ce sermon sur la montagne que l'on appelle les béatitudes et en particulier ces versets 3 à 6 de Mathieu chapitre 5 :

"3 ¶ Heureux les pauvres en esprit, car le royaume des cieux est à eux! 4 Heureux les affligés, car ils seront consolés! 5 Heureux les débonnaires, car ils hériteront la terre!
6   Heureux ceux qui ont faim et soif de la justice, car ils seront rassasiés!
Oui, bien chers frères et sœurs, au pied de la croix, nous devons apprendre à détester l'égoïsme, nous devons apprendre à ne plus vivre seulement pour nous mêmes, nous sommes devenus membres du corps de Christ, et ainsi nous pouvons aussi considérer que nous sommes les gardiens de nos frères. Oui, nous sommes appelés à la fois à soulager, les misères temporelles, les souffrances physiques, matérielles lorsque cela est possible, mais aussi à sauver les âmes.
Malgré les critiques dont le christianisme fait l'objet, les moyens que l'on met en œuvre un peu partout dans le monde pour étouffer sa voix puissante, partout, il rappelle à l'homme que les souffrances de ses frères sont ses souffrances, et que nul Chrétien n'a le droit d'y fermer son cœur.
Franklin a dit: "Si les hommes sont si mauvais même avec la religion, que seraient-ils donc sans elle?"

Oui, que deviendraient-ils sans cet Evangile que l'on accuse? Il doit nous rendre sensible à la souffrance des autres, il doit nous rendre attentif à la peine, à l'affliction de notre prochain. Il nous apprend à refuser l'égoïsme, à combattre notre individualisme, pour porter un regard d'amour sur notre environnement.

Mère Thérésa a écrit cette histoire :
"Un soir, un homme bon vint à la maison mère et nous dit: Mère Thérésa, il y a une famille avec huit enfants, ils n'ont pas mangé depuis longtemps, faites quelque chose. Alors, j'ai pris un peu de riz et suis immédiatement partie à l'endroit qu'il m'avait indiqué. Là, j'ai vu les enfants, leurs yeux brillaient de faim. Je ne sais pas si vous avez déjà vu à quoi ressemble la faim, moi, je l'ai très souvent vue. La mère prit le riz, le partagea en deux parts égales et sortit. Quand elle revint, je lui demandais:"Ou êtes vous allée, qu'avez-vous fait?" Et elle me répondit très simplement:"Ils ont faim eux aussi". Ce qui me frappa le plus c'est qu'elle le savait. Ces enfants étaient pleins de joie, car en plus du riz, de la joie de la mère, c'est de l'amour qu'elle avait partagé"

"Elle savait", Sa souffrance ne l'avait pas obnubilée au point de ne pas voir la faim de son prochain et de l'empêcher de partager la bénédiction qui venait de Dieu! Oui, je sais, peut-être m'opposerez-vous que vous avez fait de nombreux efforts qui n'ont pas porté de fruits, que votre travail a été stérile, et que vous avez de nombreux motifs de perdre courage. Alors, laissez moi vous redire encore: "Regardez à Jésus-Christ", a-t-il réussi, a-t-il fait l'unanimité, lorsqu'il était sur la terre? A-t-il vu la reconnaissance répondre à ses bienfaits?
Non, la victoire de Jésus-Christ c'est à la croix qu'elle est obtenue, il a vaincu dans l'insuccès, l'incompréhension, dans l'humiliation, en donnant sa vie:
Voila la victoire de Jésus-Christ!

LETTRE N°17

"La souveraineté de Dieu"

"Souveraineté", maîtrise, domination, royauté, omnipotence, autorité, force, puissance….
Nous lisons dans 2 Chroniques 29/11:
"*10 ¶ David bénit l'Eternel en présence de toute l'assemblée. Il dit: Béni sois-tu, d'éternité en éternité, Eternel, Dieu de notre père Israël.11)A toi, Eternel, la grandeur, la force et la magnificence, l'éternité et la gloire, car tout ce qui est au ciel et sur la terre t'appartient; à toi, Eternel, le règne, car tu t'élèves* **souverainement** *au-dessus de tout! 12 C'est de toi que viennent la richesse et la gloire, c'est toi qui domines sur tout, c'est dans ta main que sont la force et la puissance, et c'est ta main qui a le pouvoir d'agrandir et d'affermir toutes choses.*

Chers frères et sœurs, si nous voulons que notre foi soit inébranlable, il faut qu'elle soit établie sur trois faits concernant Dieu:
1/ Son amour parfait 2/ sa puissance absolue 3/ Sa sagesse parfaite

Il arrive souvent que nous ne comprenions pas la manière dont fonctionne notre Seigneur, et encore moins la voie par laquelle il nous fait passer pour nous bénir.
Les écritures sont remplies d'exemples de la façon dont Dieu a exercé sa souveraineté dans l'intérêt de ses enfants, et très souvent de manière particulièrement inattendue.
Le cas de Joseph est un exemple classique, Dieu avait un plan pour le onzième fils de Jacob, pour qu'il devienne gouverneur d'Egypte à l'age de trente ans!
L'adversaire de Dieu influença ses frères pour se débarrasser de lui, mais Dieu fit en sorte que sa vie ne lui soit pas enlevée! Apres l'avoir vendu à des commerçants Israélites, ou pensez vous qu'ils l'amenèrent? Justement en Egypte!
C'était l'accomplissement du premier point du plan de Dieu. Joseph fut jeté en prison à cause de la femme de Potyphar qui essaya de le prendre à son piège amoureux.

Qui pensez vous que Joseph rencontra en prison? Le serviteur de Pharaon! Dieu avait fait en sorte que ce serviteur soit emprisonné en même temps que Joseph afin qu'ils puissent se rencontrer! C'était le deuxième point du plan de Dieu…
Le troisième point du plan de Dieu, c'est que le chef des échansons oublia Joseph pendant deux ans, Genèse 40/23, 41/ 1à 9:
"*23 Le chef des échansons ne pensa plus à Joseph. Il l'oublia*"
" *41/1 Au bout de deux ans, Pharaon eut un songe…..*
"*41/9 ¶ Alors le chef des échansons prit la parole, et dit à Pharaon: Je vais rappeler aujourd'hui le souvenir de ma faute……*
"*41/1414 Pharaon fit appeler Joseph. On le fit sortir en hâte de prison.*

C'était le moment établi par Dieu pour que Joseph soit relâché de la prison. Il avait trente ans et le temps de Dieu était arrivé. Il comparut devant Pharaon, interpréta le rêve de celui-ci, et devint le deuxième gouverneur du pays d'Egypte!

Les évènements dans la vie de Joseph furent choisis avec soin selon l'horaire de Dieu, qui est souverain!
Chers frères et sœurs, si nous avions eu la possibilité d'intervenir, en tant que Chrétiens, dans la vie de Joseph, il est probable que nous aurions empêché ses adversaires de lui faire du mal! Pourtant, la manière d'agir de Dieu était bien meilleure parce qu'il avait un plan de bénédiction pour lui. C'est un plus grand miracle lorsque le Seigneur change les plans de son adversaire en faveur de ses élus, pour faire démonstration que "toutes choses concourent au bien de ceux qui l'aiment".

Nous devons nous efforcer de croire que notre Dieu est suffisamment souverain pour se servir de toutes ces personnes qui nous veulent du mal. Elles nous accusent, nous persécutent parfois, mais, comme ce fut le cas pour Joseph, croyons que notre Seigneur va s'en servir pour l'accomplissement de ses desseins pour notre vie.

Dans le cas de Joseph, une personne aurait pu détruire le plan de Dieu pour sa vie: C'était lui-même !
S'il n'avait pas résisté à la femme de Potyphar (refusé ses avances, ou refusé de se laisser voler la bénédiction), Dieu l'aurait sûrement laissé se débrouiller tout seul!
"Genèse 50/20 *Vous aviez médité de me faire du mal: Dieu l'a changé en bien, pour accomplir ce qui arrive aujourd'hui, pour sauver la vie à un peuple nombreux.*

LETTRE N°18

"L'amour selon Dieu"

<u>(2 Corinthiens 13/2)</u>

"2 Si je n'ai pas l'amour, j'ai beau être le plus inspiré des porte–parole de Dieu, connaître tous les secrets de son plan et être versé dans toutes les sciences, je peux même avoir une foi absolue au point de transporter des montagnes : sans amour je ne suis rien."(Version PVV)

L'école et le monde du travail ont pour but de nous apprendre à devenir quelqu'un. Mais de quelle façon ? Qui ne remarque pas que, pour réussir dans la vie, il faut trop souvent se mesurer au prochain, l'ignorer ou le vaincre?
C'est la folie du faible que de se croire fort en dominant d'un cœur dur et égocentrique, en cherchant à se venger.
Le fort dans sa sagesse spirituelle, décide de s'abaisser, pardonne et aime. Assurément, la vraie grandeur, dans ce monde indifférent et froid, se manifeste en aimant ceux qui vivent égoïstement au bureau, à l'usine, à l'atelier et même à la maison!

Quelqu'un a dit que l'amertume était le piège qui se refermait sur le chasseur, et que l'égoïsme était un feu qui consumait celui qui l'avait allumé! La problématique c'est de savoir comment faire pour recevoir et pratiquer l'amour selon ce que nous dit Paul dans sa lettre aux Corinthiens, mais ou donc peut-on trouver cette force d'aimer?

En m'approchant de Jésus, il me dépouille de moi-même, ôtant amertume, révolte, orgueil… Il me transforme pour me remplir de son amour et m'accorder la grâce de vivre ce qu'il m'enseigne :
"Si quelqu'un te frappe sur la joue droite, présente-lui aussi l'autre". Et encore : "Aimez vos ennemis, bénissez ceux qui vous maudissent, faites du bien à ceux qui vous haïssent, et priez pour ceux qui vous maltraitent et qui vous persécutent.
Alors le monde entier voit la différence : cette force d'aimer n'importe qui, quelles que soient les circonstances. Car son amour est plus fort que la mort (Cantique 8.6).

Le mot amour se retrouve pas moins de 116 fois dans le Nouveau Testament. Souvent, il évoque l'amour de Dieu pour l'homme, mais aussi l'amour du croyant envers ses proches. Toutefois, le plus important est de savoir que l'amour, selon la Parole de Dieu, diffère grandement de l'amour selon le monde.
À la lumière des valeurs de ce monde, l'amour n'est plus guère qu'une émotion au contour mal défini. L'amour est devenu l'expression d'une grâce à bon marché, c'est-à-dire d'un sentiment où s'entremêlent des rapports confus qui excluent tout sacrifice. On veut bien aimer, mais à la seule condition d'être aimé en retour. On aime par

intérêt personnel, sans plus. Cet amour est souvent égoïste, centré sur son propre intérêt.

Jean 13/34.35 :
«Je vous donne un commandement nouveau : aimez-vous les uns les autres; comme je vous ai aimés, vous aussi, aimez-vous les uns les autres. À ceci tous connaîtront que vous êtes mes disciples, si vous avez de l'amour les uns pour les autres. »

L'amour est donc, selon Jésus, la marque qui distingue le croyant de l'incroyant. Curieux, non! Pourtant l'amour n'est pas un sentiment exclusivement chrétien. Les musulmans s'aiment aussi entre eux. En fait, l'amour se retrouve dans tous les genres de communautés humaines. Prétendre que l'amour fraternel est un sentiment exclusif au christianisme est tout à fait étrange, non! Pas si étrange que cela! Si l'amour dont parle Jésus est le même que celui du monde, alors la déclaration *«à ceci tous connaîtront que vous êtes mes disciples, si vous avez de l'amour les uns pour les autres"*, est effectivement étrange, à moins que Jésus ait en vue un amour d'une nature différente, un amour qui n'est pas de ce monde.

Or, c'est bien ce que le texte confirme « *Aimez-vous les uns les autres; comme je vous ai aimés, vous aussi, aimez-vous les uns les autres"*.
Comme je vous ai aimés,
L'amour de Jésus n'a rien de commun avec l'amour tel que l'homme le conçoit. Il ne s'agit pas d'un amour conditionnel et égoïste, un amour qui cherche son propre intérêt, mais c'est d'un amour sacrificiel et inconditionnel dont il est question. Jésus a aimé les siens de cette façon.

Je lisais récemment cette histoire drôle:
"Un couple de paysans converse sérieusement :
- Dis-moi, Ivan, m'aimes-tu ?
- Oui, je t'aime beaucoup, et tu le sais.
- Sais-tu ce qui me fait mal ?
- Comment pourrais-je le savoir ?
- Si tu ne sais pas ce qui me fait mal, comment peux-tu dire que tu m'aimes ?

Il m'est arrivé souvent de dire à l'Eglise que chaque frère et sœur devrait être au courant des souffrances des uns et des autres afin de pouvoir manifester leur amour par la prière, le soutien, spirituel et moral, si nécessaire dans ce monde de plus en plus égoïste!
L'attention que l'on peut porter à une personne dans la difficulté, fragilisée par des circonstances ou évènements divers, est bien plus importante que ce qui parait souvent.

Un jour j'ai reçu une lettre d'une personne que nous avions connue dans sa jeunesse et que nous avons encouragée du mieux que nous avons pu à ce moment là. Elle nous disait bien des années après, ses remerciements pour nos exhortations de l'époque!
Cela nous a rempli de joie, mon épouse et moi, car nous avons vu là, la manifestation de l'amour de Dieu au travers de la lettre de cette personne.

Récemment encore, je recevais un courrier et le frère qui m'écrivait disait en conclusion:
"Nous vous aimons"
C'était pour moi, la démonstration de l'amour de Christ, du corps de Christ, l'amour fraternel qui fait du bien!
Je lui ai répondu, en substance que cela nous réjouissait de nous savoir aimés de ce frère et de cette sœur.
Bien chers frères et sœurs, ne manquez pas une occasion de manifester votre amour, votre affection, cela peut relever un frère, une sœur se trouvant dans le besoin, en grande difficulté!
Il ou elle peut reconnaître au travers de votre intervention, une manifestation glorieuse de l'amour de Dieu!

LETTRE N°19

"Influençables"?

Galates 5/ 1 et 8 :
"1 ¶ *C'est pour la liberté que Christ nous a affranchis. Demeurez donc fermes, et ne vous laissez pas mettre de nouveau sous le joug de la servitude."*.....
...."*7 Vous couriez bien: qui vous a arrêtés, pour vous empêcher d'obéir à la vérité? 8 Cette influence ne vient pas de celui qui vous appelle.*
"En psychologie, l'influence est le processus par lequel une personne fait adopter un point de vue par une autre. L'influence opère une inflexion : celui qui aurait pensé ou agi autrement s'il n'était pas influencé se dirige dans le sens que souhaite l'influent de façon apparemment spontanée."
Je relisais encore récemment l'histoire de Philip Keller, ce berger qui a écrit plusieurs livres sur le psaume 23.Il racontait que lorsque il était jeune, il était influençable à cause de son enfance difficile, des grands malheurs qu'il avait connus dans son adolescence.
Il était amer et révolté contre la société! Son esprit dit-il était donc un terrain tout préparé pour recevoir des idées fausses! Un vieil artisan travaillait avec lui et lui apprenait les ficelles du métier de peintre. Cet homme était un révolutionnaire ardent, et jour après jour, il déversait dans son esprit juvénile sa propagande subversive! Il écrit que ce fut un miracle que sa vie toute entière n'ait été détruite par cette odieuse entreprise de tromperie. Sa chère maman, à 20000 Kms de là, à l'autre bout du monde, priait pour que son fils soit à l'abri des pièges et des attaques de l'ennemi.
Ainsi, ne pouvant plus supporter cette propagande pernicieuse déversée dans ses oreilles, il alla voir son patron pour un autre travail parce que le Seigneur le rendait conscient d'un danger mortel! Il voulait fuir son ennemi! Ce changement fut une bénédiction. Il raconte que plus tard, lorsque ses enfants furent prêts à quitter la maison, il leur a conseillé de faire la même chose. Chaque fois qu'ils se trouveraient en compagnie de gens qui tenteraient de détruire leur foi ou de les influencer avec des idées néfastes, qu'ils fuient ! Jésus lui-même le dit:
Jean 10/5
"*5 Elles ne suivront point un étranger; mais elles fuiront loin de lui, parce qu'elles ne connaissent pas la voix des étrangers.*

Chers frères et sœurs, nous devons veiller pour ne pas suivre les incrédules dans leur folie, nous devons veiller sur ce qui est déversé dans nos esprits, et ne pas accepter ce qui nous entraîne dans le doute et l'incrédulité.
Ce n'est pas de la faiblesse que d'agir ainsi, c'est de la sagesse. L'Apôtre Paul nous parle de ne pas nous "embourber" dans des discussions folles et inutiles qui n'aboutissent à rien! Cela ne veut pas dire que nous devons ignorer les fausses philosophies, non, mais restons conscient qu'on arrive rarement à un résultat en s'engageant contre l'ennemi dans les disputes et les argumentations sans fin.

Ce que nous pouvons faire, par contre, c'est de nous affermir et de nous familiariser avec la parole de Dieu, de sorte que chaque fois que nous entendons une autre voix que celle du maître, nous soyons immédiatement en alerte! Nous laissant influencer par La Parole de Dieu.

Ne faisons pas confiance en nos arguments humains, en nos méthodes bien étudiées, pour essayer de convaincre ceux qui ont décidé de ne rien entendre et de polémiquer! Puisque nous avons discerné que cette influence néfaste ne vient pas de celui qui nous appelle, allons auprès du Père chercher réconfort, aide et soutien.
Il nous redonnera la paix nécessaire, nous parlera, nous conduira et interviendra divinement.

Il m'est arrivé et certainement à vous aussi, d'avoir à repousser des pensées ayant pour but de m'influencer pour attiser l'animosité vis-à-vis d'un tel ou d'une telle.
Cette pression qui s'exerce dans ces moments là, si elle n'est pas soumise à la parole de Dieu va grandir et devenir oppressante jusqu'à ce que notre esprit accepte le ressentiment, l'amertume, pour que cela produise les effets escomptés par l'ennemi.
En refusant de nous laisser influencer par ces pensées, nous détruisons la graine et l'empêchons de croître.
Du même coup, nous faisons de la place pour des graines bénissantes, en provenance des Saintes écritures!

Galates 5/1 :
"C'est pour que nous soyons vraiment libres que Christ nous a libérés. Tenez donc ferme et ne vous laissez pas remettre sous le joug de l'esclavage."

LETTRE N° 20

"La joie"

Deutéronome 12/7
"7 C'est là que vous mangerez devant l'Eternel, votre Dieu, et que, vous et vos familles, vous ferez servir à votre joie tous les biens par lesquels l'Eternel, votre Dieu, vous aura bénis".

La joie Chrétienne doit avoir des ressources profondes, non pas basée sur des émotions, des circonstances, évènements passagers, mais approvisionnée par une relation constante avec le Seigneur.
Ainsi, il ne s'agira plus d'un ravitaillement ponctuel, mais du fleuve de la joie de Dieu grossi par ces nombreux affluents! Et ce sera cet ensemble qui fera la joie Chrétienne.
Se réjouir en notre Seigneur, sera alors apprécier d'avoir été sauvé pour l'éternité, joie de se savoir accepté, pardonné, réconcilié, aimé. La joie de la présence permanente de Dieu dans notre vie.
Il est important pour chaque Chrétien de faire de temps à autre, de "vrais arrêts sur joie"! Temps où il pourra savourer à nouveau combien il est privilégié, temps ou il pourra se délecter des dons de Dieu, temps ou il mesurera ce qui lui est donné, temps de la reconnaissance! Dans ces moments de méditation, de mémoire, de souvenance du chemin parcouru, il est certain que nous trouverons des "matières" pour nous réjouir.
" *Vous ferez servir à votre joie tous les biens par lesquels l'Eternel, votre Dieu, vous aura bénis.*

Tous les biens, c'est donc que la joie Chrétienne s'alimente à de multiples sources. Elle reste en alerte, elle garde l'œil vif pour guetter et saisir tous les bienfaits de Dieu pour se réjouir en lui.
Je sais, par expérience que les épreuves, les combats, les échecs peuvent vouloir nous voler cette joie qui pourtant est l'un des merveilleux héritages qui nous est échu:
Psaume 16/11:
" 11 Tu me feras connaître le sentier de la vie; Il y a d'abondantes joies devant ta face, Des délices éternelles à ta droite.

Le Seigneur ne nous demande pas de faire comme si nous n'avions aucun problème, il ne nous incite pas à dissimuler, à masquer les réalités, non!
Il veut que ses enfants apprécient à sa juste valeur le fait d'avoir été sauvés par grâce, et de bénéficier dorénavant de sa présence permanente pour nous aider et nous secourir dans tous nos besoins. Nous ne devons pas dépendre des circonstances pour nous réjouir, les Saintes écritures nous incitent à nous délecter de sa présence:

Actes 2/28:
28 Tu m'as fait connaître les sentiers de la vie, Tu me rempliras de joie par ta présence.
Bien chers, il n'y a sur terre aucune joie plus grande que celle d'être libre. La puissance libératrice de la mort de Jésus sur la croix, le pardon de nos péchés, et l'œuvre du Saint-esprit nous ont conduits à cette liberté!
Oui, nous pouvons nous réjouir d'avoir été délivrés de la captivité, des liens charnels, de nos attachements anciens, de nos chaînes!
Dans l'Evangile de Jean, chapitre 15 verset 11, il nous est rappelé que la parole de Dieu donne et maintien dans la joie:
" 11 Je vous ai dit ces choses, afin que ma joie soit en vous, et que votre joie soit parfaite.

En conclusion, je veux vous laisser ce qu'a déclaré Cyprien, évêque de Carthage au 3è siècle:
"Le monde est méchant, Donat, d'une méchanceté incroyable, mais au milieu de tout cela, j'ai découvert un groupe, des gens tranquilles et Saints, qui ont appris un secret primordial, ils ont trouvé une joie qui surpasse mille fois les plaisirs de notre vie de péché. On les méprise, on les persécute, mais ils n'en ont cure, ils sont maîtres de leur âme, ils ont triomphé du monde:
Ces gens sont des Chrétiens et je suis de leur nombre!"

Je me souviens d'avoir été particulièrement marqué par le témoignage de joie de deux jeunes filles juste avant ma conversion. Elles travaillaient dans un camp pour enfants, donnaient un mois de leurs vacances pour servir le Seigneur sans être rétribuées, et manifestaient une joie qui me surprenait et surtout m'interpellait!

Mais ou donc pouvaient elles trouver cette force de se réjouir, alors que j'estimais qu'elles étaient en droit de se plaindre ou du moins de ne pas manifester de la joie.
Ne croyez vous pas avec moi que la joie Chrétienne a des ressources bien profondes que l'on ne peut trouver dans les joies et plaisirs éphémères de ce monde?

LETTRE N° 21

"Quelle est votre religion?" (1)

J'entends souvent ce genre de réflexion lorsque je rends témoignage de ma rencontre avec Jésus-Christ:
"Ah non, alors, vous ne me ferez pas changer de religion!"
Parce que moi, je suis ceci ou cela, on m'a enseigné comme ça et il n'est donc pas question que je modifie la tradition, que je change quoi que ce soit à ces croyances, communiquées de génération en génération!

Par respect sur ce que les hommes nous ont transmis, et parce que cela arrange bien des gens, on s'en tient à ce qui nous a été enseigné, on ne reviendra pas la dessus!
Mais serait-il interdit de réfléchir, de se poser la question de savoir si notre religion, notre tradition ne nous conduit pas dans le mauvais chemin, au mauvais endroit.

A moi aussi, on m'a enseigné bien des choses issues de la tradition des hommes, mais je bénis le Seigneur de ce qu'il m'a montré clairement, que ce n'étaient pas ces traditions qui me sauveraient. Ce ne sont pas ces coutumes, ces "us", transmis de génération en génération, qui m'ont apporté l'assurance d'être sauvé pour la vie éternelle, ni la paix dont j'avais tant besoin!
Je bénis le Seigneur de ce que ma réflexion, la prise de conscience de mon péché et le miroir de la parole de Dieu, m'ont amené à rencontrer Jésus-Christ.
J'ai fait comme le Geôlier qui gardait Paul et Silas en prison:
"Seigneur, que faut-il que je fasse pour être sauvé?"
(Actes 16/30)
La réponse du Seigneur Jésus fut simple:
" Crois au Seigneur Jésus, et tu seras sauvé, toi et ta famille".

J'ai rencontré des gens formidables dans ma jeunesse, des gens religieux, attachés aux rites, aux traditions, que le Seigneur a mis sûrement sur ma route et qui m'ont béni, mais ce qui m'a interpellé et qui a changé, bouleversé ma vie, c'est cette rencontre avec Jésus-Christ…
La merveilleuse parole de Dieu a agi dans mon cœur:
"Je suis le chemin, la vérité la vie, nul ne vient au père que par moi" (Jean 14/6)

Oui, bien sur, on peut discuter philosophiquement et dire que bien des poteaux indicateurs peuvent conduire à Jésus!
Pour être réconciliés et rétablir une nouvelle relation avec le père, ne cherchons pas ailleurs, c'est Christ qui est le passage obligatoire, si vous n'etes pas encore passés par ce chemin et que vous pensiez malgré tout que votre situation est bonne, il vous manque quelque chose…

Comment établir une communion réelle sans tenir compte de ce que la parole de Dieu nous dit:
Galates 1/6 et 7
6 ¶ *Je m'étonne que vous vous détourniez si promptement de celui qui vous a appelés par la grâce de Christ, pour passer à un autre Evangile.*
7 Non pas qu'il y ait un autre Evangile, mais il y a des gens qui vous troublent, et qui veulent renverser l'Evangile de Christ.

Nous devons nous poser la question de savoir si les interférences de la vie de tous les jours, si notre maison, notre voiture, notre confort, nos biens, et de nombreuses autres choses ne sont pas devenues "d'autres Dieux', comme il est dit au premier commandement:
Exode 20/3, (lire de 1 à 17) :
" *3 Tu n'auras pas **d'autres dieux** devant ma face."*

Vous aurez remarqué que cela est au pluriel, et dans ce siècle les propositions de nous tourner vers d'autres Dieux sont courantes et facilement accessibles.
En même temps, comment au regard de ce que notre Seigneur exige, pourrions-nous penser que la vénération d'autres symboles serait anodine?

Bien sur, on ne va pas ici chercher à polémiquer, mais pourquoi ne pas se poser les vraies questions, réviser l'extrait de naissance des principaux dogmes et traditions, réfléchir, et s'apercevoir ainsi que la plupart sont des institutions humaines et non scripturaires?
Voulons nous établir notre foi sur le véritable fondement?
I Corinthiens 3/11:
11 ¶ Car personne ne peut poser un autre fondement que celui qui a été posé, savoir Jésus-Christ.

Bien chers, que rien ne puisse venir nous couper de cette relation merveilleuse avec celui qui étant "le chemin, la vérité et la vie", nous guide jour après jour.
Apres réflexion, m'étant examiné moi-mème, sous l'éclairage de la parole de Dieu, j'ai compris que la bible était le manuel de Dieu, et que ce n'était pas la tradition qui devait m'influencer.

Mathieu 15/6 :
" *(15-6) Vous annulez ainsi la parole de Dieu au profit de votre tradition.*

LETTRE N° 22

"Mais qui vous parle de Religion" (2)

J'ai voulu donner une suite à la lettre du mois de Septembre qui s'intitulait : "Quelle est votre religion?"

Lorsque l'on parle de la bible, de la parole de Dieu, de Jésus Christ, aussitôt, les gens nous posent cette question connaissant déjà à l'avance, en fonction de notre réponse, s'ils vont devoir pratiquer la résistance, l'agressivité ou refuser toute discussion qui pourrait pourtant nous enrichir, les uns et les autres! Alors, aujourd'hui, le sujet, c'est :
"Mais qui vous parle de religion", "quelle doctrine?" "En qui et en quoi croyons nous?", "Sur quel fondement est établie notre foi?" Ne croyez vous pas que ce sont là les questions essentielles?

Les Saintes écritures nous entraînent à fonder notre foi non sur la parole des hommes mais sur la parole de Dieu
" Car personne ne peut poser un autre fondement que celui qui a été posé, savoir Jésus-Christ.(I Cor 3/11)

Quelques versets que nous devons relire, en tenant compte que ce sont des déclarations de Jésus-Christ, au sujet de la religion, nous précisant ainsi que la parole de Dieu n'a rien à voir avec l'observance de la tradition :
Evangile de Marc, chapitre 7, versets 7, 8, 9, et 13 :
"7 C'est en vain qu'ils m'honorent, En donnant des préceptes qui sont des commandements d'hommes.
"8 Vous abandonnez le commandement de Dieu, et vous observez la tradition des hommes.
9 Il leur dit encore: Vous anéantissez fort bien le commandement de Dieu, pour garder votre tradition.
13 annulant ainsi la parole de Dieu par votre tradition, que vous avez établie. Et vous faites beaucoup d'autres choses semblables.

Il s'agit de se laisser interpeller par les paroles de Jésus, de les laisser pénétrer nos cœurs, de laisser ses paroles devenir efficaces dans nos vies.
Lors d'une pastorale, il y a quelques années, un excellent prédicateur étranger posa cette question à l'assistance:
"Et maintenant, en quoi croirez vous le plus? En la parole des hommes ou en la parole de Dieu?"

J'avoue que cette interpellation m'aide encore aujourd'hui, lorsque je me trouve dans des phases "descendantes", des moments de doutes, d'incrédulité. Alors, cette question me vient à nouveau à l'esprit:
"En quoi vas-tu croire le plus aujourd'hui?"
Je me replonge aussitôt dans les saintes écritures, et je trouve toujours les encouragements nécessaires.

Dans le fond, comme pour Pierre marchant sur les eaux, nous perdons pied lorsque nous ne regardons plus à Jésus, lorsque nous ne fixons plus nos regards sur celui qui est le chef et le consommateur de la foi, lorsque nous perdons de vue les déclarations de Jésus!

L'expérience nous a appris depuis des siècles, que nous ne pouvions pas établir notre foi sur l'être humain, trop changeant, trop sujet à fluctuation! Pourtant, il y a encore des gens qui s'accrochent à la tradition des hommes, qui savent bien que tout n'est pas "parole d'Evangile", que tout n'est pas clair, que les Evangiles sont transformés, altérés, déformés, mais néanmoins, ils restent dans la tradition…

Voyez vous, chers frères et sœurs, Dieu ne veut pas que nous soyons dans la confusion, il a voulu que sa parole soit simple, compréhensible, à la portée de tout un chacun :
" Toutefois, de même que le serpent séduisit Eve par sa ruse, je crains que vos pensées ne se corrompent et ne se détournent de la simplicité à l'égard de Christ. (2 Cor 11/3)

Les Saintes écritures nous disent qu'un fondement a été posé, savoir Jésus-Christ, je n'ai rien contre la tradition qui est la transmission de faits historiques, mais concernant mon avenir éternel, si ces faits ont été établis, fondés par les hommes, je préfère m'adresser directement à Dieu.

Il nous dit que cela est possible, encore une déclaration de Jésus dans Mathieu 11/28:
" Venez à moi, vous tous qui êtes fatigués et chargés, et je vous donnerai du repos."

Une fois encore, la question est de savoir ce que nous allons croire:
Les Saintes écritures, ou la religion, ou la tradition ?

Pour que nous soyons bénis ensemble, recherchons une relation avec notre Seigneur, refusons toute polémique au sujet de ce qui nous est transmis par l'être humain faillible et retournons à la base, la bible, Dieu va nous interpeller.
"Mais qui vous parle de religion?"

Je vous propose la parole de Dieu qui m'a fait changer de comportement, qui nous invite à nous pardonner réciproquement, à me réconcilier avec vous, à vous aimer, à exercer de la compassion si vous etes en souci, à pleurer avec vous dans la prière si vous traversez une épreuve, et à me réjouir avec vous, si vous etes dans la joie !

LETTRE N° 23

« Témoignage »

Une bible cachée dans le mur

Ce témoignage a été diffusé dans un article paru dans les « Documents Expériences » et le Pasteur Yvon Charles, rédacteur en chef, m'a aimablement et fraternellement autorisé à le reprendre dans ma lettre mensuelle.
« Au milieu du XIXème siècle, quelques maçons italiens avaient quitté leur région pour aller trouver du travail en Suisse. Ils y allaient à pied, passant par le col du Saint-Gothard. C'était un chemin long et difficile, le tunnel n'étant pas encore construit. Parmi eux se trouvait un jeune qui s'appelait Antonio. Ces longs voyages à pied permettaient souvent des rencontres inattendues. Ainsi, un jour, le jeune Antonio rencontra une dame âgée qui lui parla du Seigneur Jésus-Christ.
La religion était vraiment quelque chose de secondaire pour ce jeune homme, et il répondit avec morgue : « Nous avons Marie et les prêtres. Cela nous suffit. » Il accepta quand même la Bible que la dame lui offrit en souvenir de leur rencontre. Il la mit dans son sac, mais se garda bien de la lire.

Quelque temps plus tard, ayant trouvé du travail dans la ville de Glaris, il y travaillait avec d'autres maçons à la construction d'une grande maison. En crépissant un mur, il se trouva devant une cavité qui n'avait pas encore été bouchée. Il eut alors soudain une idée, en pensant à la Bible que la dame lui avait donnée et qui traînait toujours dans son sac.
« Ah, voilà une bonne farce, dit-il à ses compagnons. Vous voyez cette Bible ; eh bien, je vais la mettre dans ce trou. »
Il fallut un peu forcer pour y faire entrer le beau livre, et la reliure fut légèrement endommagée.
« Regardez bien, dit-il alors à se camarades ; un peu de mortier par-dessus et maintenant nous allons voir si le diable saura la dénicher. »
Le chantier terminé, Antonio retourna dans son pays. Il pensait avoir trouvé la bonne solution pour se débarrasser de cette Bible qui encombrait son sac, et que de toute façon, il n'avait pas l'intention de lire.

Quelques années plus tard, en 1861, le 10 mai, un violent incendie se déclara dans la ville de Glaris, détruisant des centaines de maisons. Parmi tous les ouvriers qui participaient aux travaux de reconstruction, il y avait Jean, un autre italien du nord. Examinant un jour une maison assez récente, en partie détruite par l'incendie, il frappait les murs avec son marteau, lorsque soudains un morceau d'enduit se décolla, découvrant une cavité. A sa grande surprise, Jean y trouva un livre, qui avait été emmuré à cet endroit. Il le sortit et le regarda. C'était une Bible !

Le maçon italien se mit à lire ce livre qu'il avait découvert. Bientôt, il passa tout son temps libre à étudier le message de l'Evangile, des Psaumes ... Il réalisa ainsi qu'il était un pécheur perdu, mais aussi que Dieu l'aimait, qu'il voulait lui pardonner, et de tout son cœur il se tourna alors vers Jésus-Christ, le Sauveur des hommes, et reçut l'assurance du pardon de ses péchés. Sa vie en fut bouleversée, et lorsque, plus tard, il rentra chez lui en Italie, il n'avait qu'un désir : témoigner autour de lui de ce qu'il avait découvert. Pendant ses jours de congé, il partait une valise pleine de Bibles, dresser son stand biblique dans les villages alentour.

Le maçon ... et la Bible retrouvée

Et c'est ainsi que se produisit, un jour, une rencontre insolite. Un homme, encore jeune, s'arrêta devant son stand pour échanger quelques paroles.
« Oh ! des Bibles, s'exclama-t-il, je n'en ai pas besoin. Il me suffit d'aller à Glaris : là-bas j'en possède une, cachée dans un mur. Je serais curieux de savoir si le diable a pu l'en faire sortir. »
C'était Antonio, bien sûr, qui sur le même ton de plaisanterie, rappelait son triste « exploit ».
Jean le regarda alors d'un air très sérieux et lui dit :
« Soyez prudent, jeune homme. C'est facile de se moquer. Mais que diriez-vous si je vous montrais cette Bible ? »
« Tu ne m'auras pas, répondit le jeune maçon, je reconnaîtrais tout de suite ma Bible, car je l'ai marquée. Et je le répète : le diable ne la dénichera pas ».
Jean sortit lors la Bible qu'il avait trouvé à Glaris et la lui montra.
« Regardez-la bien, dit-il. Mais rassurez-vous, ce n'est pas le diable qui l'a trouvée, c'est Dieu. Il l'a fait pour vous prouver qu'il est le Dieu vivant. Il veut vous sauver, vous aussi ».

Stupéfait, Antonio fut contraint de reconnaître que la Bible était bien celle qu'il avait voulu cacher pour toujours, mais au lieu de voir là un appel à se tourner vers Dieu, toute sa haine éclata. Il appela quelques camarades :
« Venez, les amis ; qu'est-ce que ce type avec son stand de livres pieux a à faire ici ? »
Et dans un accès de fureur, en quelques secondes, ils démolirent le stand biblique avant de disparaître.
A partir de ce moment, Antonio s'aigrit de plus en plus contre Dieu, jusqu'au jour où, après avoir trop bu, il fit une chute de 17 m sur un chantier et fut hospitalisé dans un état grave.
Dès que le colporteur apprit son accident, il lui fit porter d'abord un bouquet de fleurs, puis alla lui rendre une première visite, suivie par la suite, de visites régulières chaque semaine.
Là sur son lit d'hôpital, Antonio avait perdu un peu de sa morgue. Profondément touché par l'affection que Jean lui témoignait, petit à petit, au début par un simple ennui, il se mit à lire la Bible. Son cœur dur comme la pierre finit par s'ouvrir à la

grâce de Dieu. Lisant le texte de l'Epître aux Hébreux, Ch. 12 : « Mon fils, ne méprise pas la discipline du Seigneur », il réalisa que c'était pour lui. Il reconnut sa culpabilité devant Dieu, lui demandant pardon de tout son cœur. Et là, dans cette grande épreuve, sur son lit de souffrance, il reçut la certitude d'être pardonné. Resté paralysé de la hanche, il dut, à sa sortie d'hôpital, chercher un travail plus facile. Plus tard, il épousa la fille du colporteur, devenu un véritable ami et frère en Christ.
La Parole de Dieu avait encore une fois prouvé qu'elle peut briser les cours les plus durs. Malgré les moqueries dont elle fut d'abord l'objet, cette Bible, offerte un jour par une dame âgée à un jeune maçon Italien, fut l'instrument qui amena directement deux maçons à se tourner vers Dieu, puis par leur témoignage certainement bien d'autres. Lorsque Antonio termina sa course ici-bas, ses enfants reçurent ce livre qui avait été emmuré et le gardèrent comme leur plus précieux héritage.

LETTRE N° 24

"Bientôt Noël"

" C'est qu'aujourd'hui, dans la ville de David, il vous est né un Sauveur, qui est le Christ, le Seigneur."Luc 2/11

Le mot même de Noël provient du latin natalis qui signifie naissance. Pourtant, nous sommes loin aujourd'hui de cette signification dans l'esprit des gens:
On fête Noël, on va à l'arbre de Noël de telle association, c'est la fête des enfants, et le père Noël!!
Je lisais récemment sur Internet, une question d'un internaute qui disait en substance:
"Ce qui est étonnant, c'est que Jésus-Christ ne nous a jamais demandé de fêter son anniversaire! Pourquoi les Evangéliques s'évertuent-ils à faire ce que ne demande pas Christ et à ne pas faire ce qu'il demande?
Il ne faudrait pas en effet que cet anniversaire soit célébré en l'absence de l'intéressé!

Je me suis posé la question de savoir, finalement, s'il n'y avait pas deux Noëls:
- Celui des perdus, qui malgré leur solitude, leur désarroi, leur crainte, leur tristesse et leur peur, vont fêter Noël à la manière des païens, non pas pour célébrer le grand Jésus mort pour les péchés du monde, mais le petit Jésus, tout gentil, qui est resté dans la crèche et qui ne dérange personne. Cela va donc se résumer à une grande fête qui pour un temps, et encore, va faire oublier au monde que Jésus n'est pas resté dans une crèche, comme il n'est pas non plus resté sur la croix ! ! !
- L'autre Noël, ça devrait être le notre, celui des sauvés, rachetés par grâce, dont la principale préoccupation est de porter en nous l'image de Christ. Une image de paix, de joie, d'amour, avec la volonté de faire de ce Noël un temps béni, de grâce, pour notre famille, pour nos invités, pour nos proches. Comprenez moi bien, il ne s'agit pas pour moi de venir vous gâcher la fête, de vous culpabiliser à ce sujet, non, mais nous pouvons la faire autrement.

Nous sommes, vous etes, des ambassadeurs pour Christ, vous etes des porteurs de vie, de lumière, le sel de la terre:
Réalisez-vous ce que vous représentez?
Ce jour peut être pour chacun de nous, un jour de pardon, de réconciliation dans les familles, de guérison intérieure.
Nous sommes la bible pour ceux qui ne la connaissent pas, qui ne la lisent pas et ainsi, nous sommes le message de Christ, nous apportons aussi par notre comportement, la bonne nouvelle qui conduit à la vie éternelle

Nous ne pouvons pas ramener Noël à une simple fête, sans sauveur, sans Dieu, sans miracles?

Nous sommes bien conscients que nous avons à faire à un monde qui se voile la face, et qui ne voit que ce qui l'arrange, que ce qu'il veut bien voir et qui ignore ce qu'il ne veut pas voir. Mais la parole de Dieu nous dit qu'il existe un autre monde, celui de Dieu, de Christ, du Saint esprit, et des miracles. Rappelons nous, en cette période, que tout ce qui nous entoure disparaîtra un jour, sans laisser de traces.

Un sauveur nous est né, et malgré tous les efforts que nous pourrions faire, il nous est impossible de nous sauver nous-mêmes de cette génération perverse.
En ces journées d'avant Noël ou les préparatifs vont aller bon train, ne plaçons pas la bible en dernière position, ne la plaçons pas sous l'éteignoir, ne mettons pas Jésus dans le placard, ne le laissons pas dans la crèche. Donnons lui une place de choix parmi nos invités, une place d'honneur.
Les saintes écritures nous disent qu'il n'y avait pas de place pour lui, dans l'hôtellerie:
"Et elle enfanta son fils premier-né. Elle l'emmaillota, et le coucha dans une crèche, parce qu'il n'y avait pas de place pour eux dans l'hôtellerie." Luc 2/7

Pendant ces fêtes, Jésus aura-t-il une place dans nos maisons?
Ce n'est pas être fanatique, ce n'est pas être excessif que de manifester ainsi notre appartenance, notre reconnaissance envers celui qui est mort pour que nous ayons la vie éternelle. C'est une bonne nouvelle que nous voulons annoncer, nous voulons nous servir de cette opportunité pour le pardon, la réconciliation, dans nos familles.

Oui, il y a une place pour Jésus dans mon cœur, oui, il y a une place pour Jésus dans ma maison, oui, il y a une place pour Jésus pendant ces fêtes!

Que la lumière de Christ vienne nous illuminer, que cette lumière brille dans nos cœurs pendant ces fêtes, qu'il soit consolation pour ceux qui souffrent, ceux qui se trouvent dans l'injustice, les ténèbres. Que cette lumière apporte en ces temps, amour, paix et joie! Que la miséricorde de Christ nous comble de son bonheur et nous rende messagers de sa grâce et de sa bonté pour l'humanité!

LETTRE N°25

"Vous n'êtes pas tenu ni obligé d'écouter tout ce que l'on vous dit"

Que le Seigneur, vous multiplie sa grâce et sa paix cette année! Je crois que cela est possible pour ceux qui resteront attachés à l'enseignement de Jésus-Christ!

Il y a quelque temps, à l'Eglise, j'ai apporté un message concernant six groupes de paroles qui peuvent nous perturber dans notre foi, dans notre marche spirituelle, si nous les laissons pénétrer nos pensées. J'ai raconté, pour imager cela, l'histoire des grenouilles qui organisent une course pour savoir qui va atteindre en premier une tour.
Sur tout le parcours, il y a le public "grenouilles" qui sait que cela parait impossible, on entend des exclamations du genre:
"Vous n'y arriverez jamais, c'est impossible!"
"Vos efforts ne servent à rien, personne n'a jamais réussi ce genre d'exploit" etc… etc…Elles sont folles !"
Mais, voila qu'il ne reste en course qu'une seule concurrente qui elle réussit. Toutes se posent la même question : "comment a-t-elle fait?"
Il n'y a aucune réponse aux interrogations qui lui sont faites, c'est alors que l'on comprend qu'elle est sourde ! Voyez vous, elle doit sa réussite au fait qu'elle n'a pas entendu les paroles négatives de découragement de ses pairs! Elle est restée fixée sur la vision, sur l'objectif!

Ainsi, j'ai rappelé que certaines paroles entendues, peuvent nous entraîner dans une spirale négative malsaine, dont en particulier:
- Les paroles d'intimidation
- Les paroles qui veulent nous rappeler notre passé
- Les paroles qui suggèrent un compromis
- Les paroles qui nous abaissent (Sous estiment)
- Les paroles qui nous proposent un raccourci par rapport au temps de Dieu
- Les paroles qui nous enlèvent la paix

Nous savons que la parole est un instrument puissant qui agit de deux manières dans la vie de chacun de nous. Elle peut être une flèche qui entre dans le cœur et qui blesse, démoralise et gâche une journée voir même toute une vie!
Mais il y a aussi les paroles encourageantes, qui peuvent agir comme stimulant et nous aider à avancer. Autant une parole peut donner vie, être une semence qui produira du fruit, autant nous devons veiller pour ne pas laisser nos cœurs être touchés par des propos malveillants!

Le sujet d'aujourd'hui c'est de ne pas négliger l'importance que peuvent avoir ces influences néfastes, surtout si nous n'avons pas encore le caractère, le courage, pour les refuser, les repousser, les rejeter.
- Des paroles d'intimidation sont lancées par Saul au sujet de David, 1 Samuel 17/33, mais les décidés pour Dieu ne se laissent pas arrêter, intimider.
- Ensuite, nous rencontrons sur notre route ceux qui veulent nous parler de notre passé, comme s'il avait encore du pouvoir sur nous. (Philippiens 3/13)
- Concernant les propositions de compromis, cela est courant et le Chrétiens doit veiller particulièrement pour ne pas se laisser séduire. (Exode 10/8 à 11)
- Les paroles qui abaissent bloquent beaucoup d'enfants de Dieu et les empêchent d'apprécier son œuvre dans leur vie. (1 Samuel 17/28.29)
- Dans Genèse 16/2, nous lisons que Sarai suggère un raccourci à Abraham au sujet d'un fils souhaité. Et nous savons que cela ne fut pas le meilleur choix.
- Enfin, les paroles qui nous enlèvent la paix ne doivent pas être écoutées, car cette paix qui nous vient de Christ est un don de la croix et un fruit de l'esprit. Parfois, des paroles critiques nous entraînent à perdre cette paix, et il arrive même que cela provienne de frères et sœurs qui ne sont pas en forme. Nous devons les redresser avec courage et amour et refuser leur découragement.

Chers frères et sœurs, amis, vous aurez au cours de cette année à combattre ceux qui voudront vous convaincre que le pire est devant vous, alors que le Seigneur nous dit que pour nous, "le meilleur est a…venir"!

Dans mon titre aujourd'hui, j'ai mentionné que vous "n'étiez ni tenu ni obligé d'écouter tout ce que l'on vous dit", or, écouter ne veut pas seulement dire entendre, mais aussi se conformer, céder, s'incliner, fléchir. Nous pouvons éviter que notre esprit soit touché par de mauvaises paroles agissant sournoisement ensuite dans nos vies.
C'est dans la parole de Dieu, dans la communion avec les Saints que vous trouverez les meilleurs conseils pour une année de grâce! Aussi, je vous adresse mes meilleurs vœux:
" 3 Jean 1:2 Bien-aimé, je souhaite que tu prospères à tous égards, et que tu sois en bonne santé, <u>comme prospère</u> ton âme."

LETTRE N° 26

"Soyons des témoins courageux"

J'ai rappelé, le mois dernier que nous n'étions pas obligé de croire, ni de prendre pour argent comptant, ni de pratiquer tout ce que l'on nous dit ou tout ce que l'on nous recommande!

Je me souviens en tant que commercial, lorsque j'étais dans les affaires, de cet entretien, séminaire organisé par une société importante, dans un grand hôtel, ayant pour but de confier la vente de leurs articles à des agents commerciaux expérimentés travaillant comme cela était mon cas, a leur compte. Nous étions là, une trentaine.
Le PDG de cette société fit son introduction, nous présentant d'une manière solennelle, sous les meilleurs auspices son affaire, tout en décrivant le sérieux, l'honnêteté, la rigueur de la maison, et ses arguments étaient appuyés par des témoignages de clients, fournisseurs, etc...

D'autre part, le fait que son siège fut en Alsace ajoutait encore des vertus à son intégrité!
Ensuite, ce fut le directeur commercial qui nous présenta les produits, dont la fabrication sérieuse, était très contrôlée. Puis, dans les arguments de vente qu'il nous donnait, il incitait les vendeurs à tricher un peu sur certaines choses pour que le client soit plus facilement influencé dans son achat.

Au bout d'un certain temps il demanda si nous avions des questions et je fus le seul à lui dire:
"Monsieur, il y a quelque chose que je ne comprends pas, votre PDG nous a présenté une société digne d'éloges à tous égards et vous nous incitez à mentir pour vendre vos produits! Alors cela me parait en désaccord "
Je m'attendais évidemment à une réponse sèche de sa part, pris qu'il était à son propre piège!

Cela ne se fit pas attendre, il ouvrit la porte de la salle de réunion et m'invita sèchement à sortir!
Je lui dis alors que je n'avais pas besoin d'y être invité pour partir, c'est ce que j'allais faire de toutes manières, je rangeais mes affaires et sortais!

Voyez vous chers frères et sœurs, je vous ai parlé le mois dernier des paroles qui nous suggèrent des compromis, que nous devons combattre, refuser, sous peine d'être ensuite mal à l'aise dans notre vie de Chrétiens. Il y a des choses qui ne se négocient pas:
Les promesses de Dieu, votre liberté, votre communion, votre relation avec Dieu. J'ai tant de fois remarqué, dans ma carrière professionnelle, que lorsque l'on n'ose pas

mettre les choses au clair, d'entrée de jeu, nous sommes souvent entraînés par la suite, dans une spirale ou notre conscience est reprise! C'est vrai qu'il faut du courage, accepter que cette marche dans la foi implique certains éléments de risques, de courage et d'amour.

Mais, chers frères et sœurs, faisons confiance au Saint esprit qui nous viendra en aide dans ces moments là.

J'avoue que je me suis réjoui par la suite d'avoir interpellé cet homme qui trichait effrontément, mais en même temps, le saint esprit venait m'affirmer qu'il était intervenu dans cette situation et que c'est grâce à lui que j'avais pu m'interposer.
Voila le soutien sur lequel nous devons compter et sur lequel nous pouvons nous appuyer.

Il n'y avait, dans mon intervention personnelle, aucune ambition de me faire valoir, j'étais seulement offusqué que des gens de qualité qui écoutaient puissent admettre ces principes de duperie, de filouterie, de tromperie.
Je voudrais encore ici vous rappeler que vous etes importants aux yeux de Dieu. Nous devrions être des exemples dans ce monde qui veut nous faire accepter ses mensonges comme étant des vérités, et nous faire appeler le mal, bien !
Esaïe 5:20 _Malheur à ceux qui appellent le mal bien_ Et le bien mal, Qui changent les ténèbres en lumière Et la lumière en ténèbres, Qui changent l'amertume en douceur Et la douceur en amertume !

Le Seigneur nous apprend à distinguer, séparer, différencier, reconnaître ce qui vient de lui et ce qui est mauvais pour notre âme! Ne soyons pas des chrétiens immatures à cet égard, car, insidieusement, l'ennemi se glissera dans ces portes entrebâillées pour prendre une plus grande place et peu à peu nous séduire.

J'ai malheureusement fait l'expérience que des chrétiens authentiques se sont laissés aller, et, petit à petit ont accepté ce qui au début de leur vie chrétienne était inacceptable, puis, je les ai vus dériver, jusqu'à confondre les véritables fondements bibliques de base.

Colossiens 2:8 :
" _Prenez garde que personne ne fasse de vous sa proie par la philosophie et par une vaine tromperie, s'appuyant sur la tradition des hommes, sur les rudiments du monde, et non sur Christ._"

LETTRE N° 27

"Le corbeau ravitailleur et le corbeau sauveur"

I Rois 17/2 :
"2 Et la parole de l'Eternel fut adressée à Elie, en ces mots:
3 Pars d'ici, dirige-toi vers l'orient, et cache-toi près du torrent de Kerith, qui est en face du Jourdain.
4 Tu boiras de l'eau du torrent, et j'ai ordonné aux corbeaux de te nourrir là.
5 Il partit et fit selon la parole de l'Eternel, et il alla s'établir près du torrent de Kerith, qui est en face du Jourdain.
6 Les corbeaux lui apportaient du pain et de la viande le matin, et du pain et de la viande le soir, et il buvait de l'eau du torrent.

Franchement, c'est un peu comme l'histoire de Jonas, il faut être un peu naïf, un peu fou, un peu, même beaucoup, "crédule" pour croire à ces histoires! Des corbeaux qui apportent de la nourriture à Elie!

Pourtant, de nombreux chrétiens font des expériences tellement miraculeuse et exceptionnelle, qu'ils peuvent croire que cela s'est réellement passé, et, c'est très souvent quand on est complètement démuni, sans possibilités humaines à portée de main que l'on se raccroche au Dieu des miracles. Maintenant, il ne faudrait pas interpréter cette histoire d'Elie à notre manière à nous, et vouloir faire des essais pour prouver notre foi et ainsi, assouvir éventuellement des ambitions personnelles, agir avec présomption.

Car, comme pour Abraham, nous remarquons ici que le prophète Elie n'est pas parti pour mesurer sa foi, mais sur ordre du Seigneur:
2 Et la parole de l'Eternel fut adressée à Elie, en ces mots:
3 Pars d'ici, dirige-toi vers l'orient, et cache-toi près du torrent de Kerith, qui est en face du Jourdain...

Nous devons tout d'abord considérer que ce prophète devait déjà être à l'écoute et attentif à ce que pourrait lui demander le Seigneur. La parole de Dieu ne nous indique pas qu'il ait tergiversé longtemps, qu'il ait discuté les ordres du Dieu tout puissant, qu'il ait contesté quoique ce soit!
"Il partit et fit selon la parole de l'Eternel"
Son désir profond de servir le Seigneur, de lui être agréable étaient des motivations suffisantes pour faire sa volonté.

I Rois 17/1 :
"L'Eternel est vivant, le Dieu d'Israël, dont je suis le serviteur!"

Nous avons lu ici qu'il fut approvisionné par les corbeaux pour sa nourriture, et c'est pour cela que le titre de cette lettre est "Le corbeau ravitailleur"!

Mais la seconde partie de mon titre:"Le corbeau sauveur", je l'ai tiré d'une histoire aussi incroyable et pourtant bien réelle, qui s'est déroulée dans un village, près de Varsovie en Pologne:

Un propriétaire venait de menacer d'expulsion, un pauvre paysan Allemand qui le suppliait de lui accorder un peu de temps pour payer son loyer. En réaction, toute la famille s'agenouilla pour prier et demander à Dieu de pourvoir à ce besoin. Après la prière, on chanta un vieil hymne exhortant à remettre au Père tous les soucis.

Le chant à peine terminé, un bruit étrange se fit entendre à la fenêtre. Le corbeau, domestiqué plusieurs années auparavant par le grand-père, se tenait là, une bague de grande valeur dans le bec. Elle appartenait au roi qui l'avait perdue alors qu'il visitait la ville.
On la lui fit parvenir et la récompense royale fut telle, que le paysan put construire sa propre maison!

Dieu ne pourvoit pas toujours de façon aussi spectaculaire, mais ce genre d'expérience nous encourage, il connaît nos besoins: Il pourvoira.
Si notre Dieu est capable d'envoyer des corbeaux pour une bénédiction particulière, il est aussi capable de nous envoyer des anges pour notre protection, ou encore de nous dire ou aller, ou comment faire pour une situation précise.

"La parole de l'Eternel fut adressée à Elie", et il lui fut confirmé que celui qui lui avait parlé, subviendrait à tous ces besoins, même de le nourrir par des corbeaux dans le désert! Elie a pu ainsi, s'appuyer sur ce miracle pour la suite de sa carrière prophétique particulièrement bénie.

Quand au pauvre paysan Allemand, le Seigneur a entendu la prière de la famille, et a fait en sorte que le secours apporté par le corbeau, soit véritablement l'incontestable réponse à leur prière, de manière à ne pas remettre en question, le miracle de Dieu!

Voila pourquoi, chers frères et sœurs, en relisant ces histoires, nous ne devons pas nous décourager, mais au contraire, nous servir de ces miracles pour que notre foi augmente, il n'existe pas de situation sans solutions avec notre Seigneur, même les corbeaux lui obéissent!

LETTRE N° 28

"Orgueil/Humilité"

Dans les contrées du nord du Canada, on raconte l'histoire de deux oies et d'une tortue qui avaient développées une forte amitié. Au fur et à mesure que les nuits devenaient plus courtes et plus fraîches, les oies commencèrent à parler de voler vers le sud pour y passer l'hiver. Un soir, alors que les trois animaux étaient serrés les uns contre les autres, les oies se soucièrent ouvertement de la situation de leur amie la tortue.

- *C'est sûr que tu vas nous manquer*, dit l'une des oies. *Comme tu ne peux pas marcher vers le sud pour y passer l'hiver, que vas-tu faire ?*

- *J'ai une idée*, dit la tortue. *Pourquoi ne pas trouver un bon bâton que vous puissiez tenir dans votre bec ? Je m'accrocherai au milieu du bâton avec mes dents puissantes. Ainsi, quand vous volerez vers le sud pour y passer l'hiver, je volerai avec vous.*

- *Penses-tu avoir assez de force pour t'accrocher aussi longtemps*, demanda l'autre oie ?

- *Bien sûr, je suis très forte*, dit la tortue.

Quelques semaines plus tard, quelque part au-dessus du Montana, un fermier leva les yeux et vit la chose la plus incroyable qu'il n'eût jamais vue. Il se précipita chez lui le raconter à sa femme. Quand elle courut dehors et vit deux oies voler au-dessus de sa tête avec un bâton dans leur bec et une tortue accrochée entre elles, elle s'écria :

- *C'est incroyable! Qui a eu une telle idée ?*

Sachant que c'était son idée, la tortue ne put résister et s'écria : *C'est moi! et la tortue tomba* !

L'orgueilleux a le goût des honneurs, des places en vue, des fauteuils honorifiques, Il veut souvent être le premier, avec comme motivation principale "Le goût du dépassement de soi-même", en fait, il ne cherche qu'à faire mieux que les autres! Avec le Seigneur, la sanctification nous permet de devenir meilleur et non le meilleur! Dans Mathieu 23/6 et Luc 11/43, les pharisiens de l'Evangile nous donnent l'exemple de l'orgueilleux:
"6 ils aiment la première place dans les festins, et les premiers sièges dans les synagogues;
7   ils aiment à être salués dans les places publiques, et à être appelés par les hommes Rabbi, Rabbi."

Le coté dangereux pour nous, chrétiens c'est que l'orgueil entraîne à la désobéissance, il y a de nombreux exemples dans les Saintes écritures, comme la vie du roi Saul, ainsi que quelques réchappés d'Israël, qui après la destruction de Jérusalem par les Babyloniens, vinrent un jour, consulter le prophète Jérémie.
Ils faisaient le projet de fuir en Egypte, mais jurèrent qu'ils obéiraient exactement à ce que dirait l'Eternel, par l'intermédiaire de Jérémie. Mais, quand le prophète leur signifia, de la part du Seigneur, l'interdiction d'aller en Egypte, ils se fâchèrent contre lui et affirmèrent qu'ils partiraient de toute façon!
Le texte des Saintes écritures nous donne la clé du problème, en effet, ils sont appelés "orgueilleux":

Jérémie 42/1 à 43/7 :
" 3 et que l'Eternel, ton Dieu, nous montre le chemin que nous devons suivre, et ce que nous avons à faire!..Puis, verset 5..
5 Et ils dirent à Jérémie: Que l'Eternel soit contre nous un témoin véritable et fidèle, si nous ne faisons pas tout ce que l'Eternel, ton Dieu, te chargera de nous dire!.
Suite 43/2:
*2 Azaria, fils d'Hosée, Jochanan, fils de Karéach, **et tous ces hommes orgueilleux**, dirent à Jérémie: Tu dis un mensonge: l'Eternel, notre Dieu, ne t'a point chargé de nous dire: N'allez pas en Egypte pour y demeurer.*

Nous pouvons en déduire qu'il est difficile de trouver des rebelles qui ne soient pas orgueilleux.

Dans le récit d'introduction, la tortue, qui a voulu se vanter, qui a voulu "paraître"; n'a jamais pensé qu'elle pouvait, par orgueil, perdre sa vie. L'humilité n'est pas une disposition naturelle, mais le peuple de Dieu, l'enfant de Dieu doit quotidiennement s'en remettre au Seigneur, s'approcher de lui avec actions de grâces, reconnaissant qu'il a besoin de son aide!
"Maudit soit l'homme qui se confie dans l'homme" Jérémie 17/5. Mais, *"Béni soit l'homme qui se confie en l'Eternel", Jérémie 17/7.*
L'orgueil essaie de nous faire entreprendre par nous mêmes ce que l'incrédulité a empêché d'accomplir avec la force du Seigneur! Nous devons nous exercer à la reconnaissance, aux actions de grâces, de manière à pouvoir toujours confesser comme l'apôtre Paul:

"Je puis tout par celui qui me fortifie"
"Je ferai ceci ou cela, Dieu voulant" et non à cause de mes "grandes capacités"!

LETTRE N° 29

"La reconnaissance"

" Soyez enracinés en lui et construisez toute votre vie sur lui. Soyez toujours plus fermes dans la foi, conformément à l'enseignement que vous avez reçu, et **soyez pleins de reconnaissance.** *(Colossiens 2/7 BFC)*

Le mois dernier, je vous racontais l'histoire de la tortue et des deux oies, qui faisait démonstration que l'orgueil peut tuer! Il est un poison dans la vie du chrétien, une forteresse qui doit tomber pour une pleine bénédiction.

Aujourd'hui, en parlant de reconnaissance, je veux mettre l'accent sur cet antidote qu'est la gratitude, par rapport à l'orgueil, l'égoïsme et la désobéissance! C'est le remède qui nous aidera par les actions de grâces rendues à notre grand Dieu, à relativiser toujours plus ce qui est charnel.
Nous retrouverons alors notre premier amour, nous étonnant à nouveau de ce qui au fil du temps nous parait être devenu normal, anodin, insignifiant ….

Lorsque mon épouse s'est convertie, elle raconte que jusqu'alors, rien dans la nature ne lui paraissait mériter une quelconque attention. Pourtant, au moment de sa conversion, les arbres, les fleurs, les champs, étaient devenus magnifiques!
Néanmoins, Après une expérience de conversion, rien ne change vraiment : le goût du café, le caractère de nos proches, la couleur du ciel, la pluie, sont toujours les mêmes, les arbres, les fleurs etc. En revanche, ce qui change, c'est le regard que l'on porte sur les gens et les choses, ce qui nous conduit à rendre grâce pour le morceau de pain le plus quotidien, pour les merveilles de la nature!. « Soyez reconnaissants », dit l'apôtre Paul.

En nous appelant à la gratitude, il nous invite à rester étonnés devant les événements les plus ordinaires. Après avoir vécu une expérience de conversion, un homme a écrit sur un carnet :
" Ô merveille inimaginable : je bois mon café le matin et je salue la gardienne de mon immeuble en allant travailler" ! Pour le commun des mortels, il n'y a pas de quoi s'émerveiller devant des activités aussi ordinaires que boire son café ou saluer la gardienne de son immeuble, et pourtant..
Quand nous sommes reconnaissants, nous nous souvenons de celui qui ne nous doit rien, mais qui nous donne tout, qui nous a tout donné. La véritable nature de la grâce, n'est-ce pas recevoir ce que nous ne méritons pas ?
Bien que cela ne soit pas une façon de cacher peines et souffrances, la reconnaissance est le choix délibéré de nous souvenir de combien nous sommes bénis. Plus que de l'optimisme, c'est la proclamation de notre foi en Dieu, en sa grâce, en son amour, en

ses provisions et en sa bonté. Autrement dit, quand nous sommes reconnaissants, notre "réservoir" est plein.
Nous tournons nos yeux vers Dieu et cela suffit. Nous avons écarté par la confession de notre bouche l'esprit charnel, l'orgueil qui voudrait que l'on s'attribue un peu plus de gloire, il aimerait que nous confessions être pour quelque chose dans cette réussite!
Il aimerait accuser Dieu dans nos échecs!

Chers frères et sœurs, comme l'apôtre Paul nous invite à nous exhorter par des psaumes, des hymnes, des cantiques spirituels,… notre âme rendant au Seigneur Jésus des actions de grâces, sera approvisionnée en foi et en joie.

Apprenons à rester étonnés de ce qui est devenu habituel:
Le fait de se lever, de marcher, de respirer, d'avoir notre pain quotidien, de manger, de profiter de cette merveilleuse nature, oui, cela devrait être un émerveillement de tous les instants. Des que je ne remercie plus, je deviens rapidement ingrat.
Et la seule chose que je sais faire ensuite, c'est de me plaindre. Je deviens alors comme les enfants d'Israël en m'éloignant du Seigneur et en me rebellant. Je me mets à douter de sa réelle bonté, et de sa miséricorde.

Dieu sait que nous oublions facilement de remercier, alors il a institué la sainte cène pour que nous commémorions le sacrifice de son fils, Jésus-Christ. Que nous puissions confesser tout à nouveau comme le centenier sur le mont Golgotha:
"Assurément cet homme était fils de Dieu"
C'est par sa mort et sa résurrection que nous sommes rendus dignes, et la croix est la manifestation glorieuse de tous les attributs divins.
De quoi venir à lui avec actions de grâces, avec reconnaissance n'est ce pas?

Je le rappelle souvent dans mes interventions, nous avons besoin d'être renouvelés, jour après jour, pour ne jamais oublier que les choses anciennes sont passées, que la reconnaissance et les actions de grâces doivent dorénavant faire partie intégrante de notre nouvelle vie en Christ!

LETTRE N° 30

"L'Eglise"

Il y a de si nombreuses polémiques concernant l'Eglise que je ne me permettrais pas d'être exhaustif dans mes propos.

Toutefois, je laisse à chacun le soin de réfléchir, méditer, et surtout d'être à l'écoute du Saint-Esprit, je suis toujours convaincu que ceux qui cherchent la vérité la trouveront.
L'église n'est pas un bâtiment, elle n'est pas une institution, ni d'ailleurs une religion, elle est un mouvement historique, un mouvement spirituel, celui d'un peuple en marche vers une destinée incroyable… L'éternité…..
L'église n'est pas le projet des hommes, mais elle est un projet extraordinaire issue du mystère de la divinité.
Elle est variée, étrange, elle est un monde dans le monde formée par un groupe élargi de personnes ayant répondu à l'appel de Jésus-Christ. La bible enseigne qu'elle est le corps de Christ, et qu'ainsi, il poursuit sa mission sur la terre. Les Saintes écritures nous enseignent que c'est un peuple équipé pour servir et faire face aux besoins dans le nom de Jésus.

L'Eglise est l'œuvre de Jésus, en Mathieu 16/18, il nous dit *"qu'il bâtira son Eglise et que les portes du séjour des morts ne prévaudront point contre elles"*
Elle est constituée de personnes que Dieu a rachetées : *"Ils [les chrétiens] étaient chaque jour tous ensemble assidus au temple, ils rompaient le pain dans les maisons, et prenaient leur nourriture avec joie et simplicité de coeur, louant Dieu, et trouvant grâce auprès de tout le peuple.* ***Et le Seigneur ajoutait chaque jour à l'Eglise ceux qui étaient sauvés (Actes 2/46.47)***
Jésus lui-même est le chef de l'Eglise, et en aucun cas un être humain ne peut lui voler cette place : *"Il [Dieu] a tout mis sous ses pieds [Jésus], et il l'a donné pour* ***chef suprême à l'Eglise****, qui est son corps, la plénitude de celui qui remplit tout en tous." (Ephésiens 1:22-23)*

Malgré toutes les critiques et polémiques dont elle fait l'objet, elle n'en reste pas moins l'œuvre et la gloire du Seigneur!
(Plantation de l'Eternel pour servir à sa gloire).

Bien entendu, je ne verserais pas dans l'utopisme concernant la réalité d'aujourd'hui. Je ne suis pas dupe, je vois bien que pour certains, l'Eglise est une grande firme, une entreprise, l'assemblée est devenue une "clientèle", et la stratégie commerciale se nomme Evangélisation, prosélytisme!
Et bien souvent, les autres Eglises, assemblées du lieu, sont considérées comme concurrentes!

Cependant, dans le nouveau testament, si l'on veut bien considérer ce que la parole de Dieu dit sur l'Eglise, on se rendra compte que la métaphore dominante la plus employée pour la décrire, ce n'est ni le corps, ni l'épouse, ni l'armée, ni le royaume….. mais c'est la famille!

Dans 1 Timothée 5:1,2 Paul dit à Timothée d'exhorter *"le vieillard comme un père, les jeunes gens comme des frères, les femmes agées comme des mères, celles qui sont jeunes comme des soeurs, en toute pureté"*.

Nous avons là l'image et le vocabulaire de la famille. Les écrits de Paul et de Jean sont ponctués par le langage et l'imagerie de la famille. C'est le langage de la famille qui domine à chaque fois que Jean décrit l'église. J'aime cette définition, j'aime cette idée que Dieu cherche actuellement à rétablir parmi les siens la vision de son Eglise.
Oui, chers frères et sœurs, que cette Eglise devienne, qu'elle soit la famille de Dieu dans tous les sens du terme. Qu'elle vive comme une famille, qu'elle agisse comme une famille, qu'elle se soutienne comme une famille, qu'elle s'encourage comme une famille, qu'elle soit présente dans les difficultés, les moments difficiles, comme une famille!

D'ailleurs, en lisant le livre des Actes, chapitre 2 verset 42, on voit que l'Eglise portait les fardeaux des frères et sœurs les plus faibles, ils s'occupaient les uns des autres, ils se considéraient comme étant une famille étendue, une communauté. Loin de moi l'idée que c'est ce que nous devrions pratiquer aujourd'hui, mais si nous vivons comme la famille de Dieu, nous aurons de l'amour les uns pour les autres, et cet amour se manifestera par des gestes d'affection, de différentes manières. Cet amour aura pouvoir de bénédiction sur le monde: Jean 13/35 :
" *35 A ceci tous connaîtront que vous êtes mes disciples, si vous avez de l'amour les uns pour les autres.*

Dans l'Eglise dont je suis le responsable, il m'arrive souvent de demander aux frères et sœurs de manifester leur affection, les uns pour les autres, parfois, c'est en mettant la main sur l'épaule de son voisin, en priant pour lui, d'autre fois cela peut être des témoignages divers d'attention et d'intérêts, et cela ne dérange pas parce que nous sommes frères et sœurs.

Ce n'est pas du paternalisme ou de la communication! C'est manifester la gloire de Dieu dans et par le corps de Christ! Dieu soit loué!

LETTRE N° 31

"Petites causes, grands effets "

Mathieu 25/40
40 Et le roi leur répondra: Je vous le dis en vérité, toutes les fois que vous avez fait ces choses à l'un de ces plus petits de mes frères, c'est à moi que vous les avez faites.
La vie trépidante de ce monde, avec toutes ces occupations diverses, nous absorbent tellement que nous ne nous apercevons même pas de ce qui se passe autour de nous!

Je vous le demande aujourd'hui: arrêtez vous un instant, chers amis chrétiens, réfléchissez, méditez, mettez vous devant le Seigneur, en silence, lui réclamant une parole…
Oui, bien chers, notre Dieu parle encore aujourd'hui, il veut que vous preniez le temps de l'écouter, le ferez vous?
Il y a tant de personnes qui ont besoin d'une parole d'encouragement que vous pouvez apporter à cause de l'espérance qui est en vous, à cause des saintes écritures auxquelles vous croyez, à cause de la "parole vivante"!
Je bénis et encourage tous nos frères et sœurs qui travaillent dans les hôpitaux, les maisons de retraite et autres, vous pouvez apporter aide et réconfort dans un monde dénué d'humanité, qui délaisse ceux qu'il pense être devenus "inutiles", sans intérêt pour une société moderne!

Beaucoup ont du lire, comme moi, l'histoire de ce chauffeur de taxi qui un jour, fut appelé pour conduire une personne qu'il ne connaissait pas, une personne âgée, dont il apprit par la suite qu'il l'amenait finir ces jours en hospice. C'était une petite femme de 80 ans.
"Quand nous sommes montés dans le taxi, elle m'a donné une adresse, puis a demandé, 'Pourriez-vous me conduire en ville?' 'Ce n'est pas le chemin le plus court, ai-je répondu vivement. 'Oh, ça ne me dérange pas, 'a-t-elle dit dit. 'Je ne suis pas pressée. **Je suis en route pour un hospice**'. 'Il ne me reste pas de famille, a-t-elle continué. "Le docteur dit que je n'en ai pas pour longtemps". 'J'ai tranquillement éteint le compteur et je l'ai écoutée. 'Quelle route voudriez-vous que je prenne?' ai-je demandé?. Pendant les deux heures suivantes, Nous sommes allés dans la ville.
Quelquefois elle me demandait de ralentir devant un immeuble particulier s'assoyait en fixant la noirceur, ne disant rien. Comme la première lueur du soleil se repliait à l'horizon, elle a soudainement dit, 'Je suis fatiguée. Allons-y maintenant. 'Nous sommes allés en silence jusqu'à l'adresse qu'elle m'avait donnée.
J'ai ouvert la malle de la voiture et pris la petite valise jusqu'à la porte. La femme a été dès ce moment assise dans une chaise roulante.
 Combien je vous dois?' a-t-elle demandé, cherchant dans sa bourse. 'Rien, ' ai-je dit. 'Vous devez gagner votre vie,' a-t-elle répondu. Presque sans penser, je me suis penché et l'ai serré dans mes bras.

Elle s'est tenue sur moi et m'a serré fortement. 'Vous avez donné à une vieille femme un petit moment de joie,'a-t-elle dit. 'Merci.'

Je lui ai serré la main, puis j'ai marché dans la faible lumière du matin. Derrière moi, une porte s'est refermée. **"C'était le son de la fermeture d'une vie"**.

Prêtons nous toujours attention aux occasions que nous avons de bénir? Parfois, il faut agir, d'autrefois, il faut donner des paroles qui vont procurer joie, paix, consolation! Une petite parole de rien du tout qui peut fortifier, soigner, encourager et bénir….

Chers frères et sœurs, il y a des moments extraordinaires dans notre vie de chrétiens qui sont des "avant-gouts" du ciel ou des milliers de Saints du monde entier viendront vous remercier pour vos prières, pour les dons que vous avez faits au sujet de missionnaires, ou pour la littérature, ou la bible que vous avez offerte!

Frère André de portes ouvertes me racontait dans une lettre qu'un jour, dans un pays lointain, un jeune homme est venu le trouver à la fin d'une conférence. Il tenait à le remercier. En effet bien longtemps auparavant, Frère André avait visité cette famille et donné des médicaments à son père qui était très malade. Avant de partir, il avait passé un moment avec un petit garçon, priant avec lui, et lui avait remis une bible. Ce petit garçon, c'était lui et aujourd'hui, ce jeune homme est engagé dans l'implantation d'Eglises dans son pays. Un petit cadeau de rien du tout, une simple prière !

Restons en éveil, à l'affût d'une bénédiction à dispenser, d'un mot, d'une petite parole, d'une petite attention de rien du tout, d'un petit service que l'on peut rendre….

Nos soeurs qui travaillent dans les maisons de retraite savent de quoi je parle! Dans des établissements de plus en plus déshumanisés, avec les nouvelles voies de communication d'Internet, en relation fréquente avec des machines automatisées, je peux comprendre que certains soient perdus!
Heureusement, il y a des chrétiens semeurs d'espérance, apportant une bonne nouvelle, et prenant en considération les souffrances et les manques d'affection!

Le chauffeur de taxi était fatigué, frère André très occupé, et l'apôtre Paul lui-même dira aux Philippiens qu'ils ont bien fait de prendre part à sa détresse!
Philippiens 4. 10 à 14.

LETTRE N° 32

"Un temps pour tout"

L'Ecclésiaste 3/1 :
" Il y a un temps pour tout, un temps pour toute chose sous les cieux"
On peut passer son temps à ne rien faire, on peut perdre son temps, on peut aussi bien employer son temps, il est également possible de repousser certaines choses, faute de temps, jouer "la montre" en gagnant du temps!.....
Et voici le temps des vacances, temps de "farniente" ou la préoccupation principale devient:
"Comment allons nous nous organiser pendant cette période?" En fait, chacun perd ses repères habituels. Parfois à tel point que ne sachant pas comment gérer ce manque d'activité, certains sont particulièrement décontenancés!

Mais ce temps d'inconfort et d'hésitation ne dure pas ! C'est pourtant, un temps ou il fait bon s'alléger des affaires courantes, un temps ou l'on peut partager en famille, écouter les enfants, passer des moments avec nos jeunes, communier plus intensément avec notre Seigneur, avec nos proches et prendre un repos bien mérité qui apporte la paix!
Et si vous alliez rendre visite à une personne, une famille que vous n'avez pas vu depuis longtemps, si vous décidiez de faire un détour pour bénir quelqu'un que le Seigneur vous a mis à cœur?

Bien chers amis, frères et sœurs, apprenez le repos en Christ! Reposez vous en lui, il vous donnera un esprit tranquille, libre de toute quiétude, il vous apprendra à lui faire confiance en toutes circonstances. Son repos, vous apprendra à vous contenter, à vous réjouir "dans la disette, comme dans l'abondance" Il vous apprendra à vous satisfaire de sa grâce et à rester dans la joie!
Dans ce "calme et cette confiance", il vous donnera le temps et vous aidera à lire sa parole, il vous incitera à prendre le temps d'aimer et d'être aimé, et vous y reconnaîtrez une grâce de Dieu. Il faut prendre le temps de donner parce que la vie est trop courte pour être égoïste!

«Reposez-vous un peu. » : Après beaucoup d'activités, de service, on a besoin de se ressourcer. On n'apprécierait pas d'être toujours en vacances, mais quelques jours de détente sont si bons pour tisser de nouveaux liens et resserrer les anciens, pour être ensemble, savourer la présence de l'Autre... Quand je partage mon bien-être, ma paix, je le transforme en bonheur, je peux bénir mon prochain!

Prenez le temps, pendant ces périodes de vacances, de repos, d'écouter, de partager avec vos proches, soyez attentifs et profitez au mieux de ces temps de paix.

Peut être avez-vous à cœur depuis un certain temps déjà de parler, de renouer communication, d'établir une nouvelle relation avec votre épouse, votre mari, vos enfants, vos proches, certains de vos amis. Alors c'est le moment, vous etes reposés, détendus, non stressés, choisissez, mettez un temps à part pour un partage, une réconciliation etc…

Savourez ce temps béni dans la reconnaissance envers Dieu, en allant vers ce qui fait plaisir à votre famille, vos proches. Pensez à ce grain de moutarde que Dieu vous a confié, celui de la foi familiale, prenez en soin comme le jardinier le fait pour toute semence qu'il sait précieuse!
"Il y a plus de joie à donner qu'à recevoir" Actes 21/35
Inspirez vous de cet encouragement du Christ pour devenir plus particulièrement en ce moment, une bénédiction pour votre famille, votre entourage.

Temps de méditation, de prière, qui vous remettra en mémoire la parole de Dieu "lue", écoutée, entendue qui de "logos" (C'est-à-dire information, verbe) deviendra alors "Rhéma" (C'est-à-dire révélation, **parole de Dieu pour vous).**

Oui, chers frères et sœurs, prenez le temps de vous détendre, de vous ressourcer, de vous rétablir, émotionnellement, physiquement et spirituellement. Vous deviendrez ainsi capables de donner bien plus efficacement aux autres, à votre famille, à vos frères et sœurs.

Oui Seigneur, fais moi reposer dans de verts pâturages, dirige moi près des eaux paisibles pour restaurer mon âme! Selon le psaume 23. Oui Seigneur je veux prendre le temps de partager des moments paisibles avec toi, apprendre à me ressourcer (retrouver ses sources), être attentif et obéissant à ta parole.
Oui, effectivement, il y a un temps pour tout, pour toute chose et comme le temps passe vite, selon l'expression consacrée, nous pourrions avoir manqué quelque chose en cette occasion, simplement pour ne pas avoir été attentifs à cette bénédiction qui nous était accordée, de n'avoir pas su nous rendre "frais et dispos".

Comme le temps passe vite, c'est le mot de la fin des vacances, c'est le mot des personnes âgées, exprimant à la fois le regret et le bonheur, manifestant ainsi une certaine idée du temps…
J'ai pris le temps de vous écrire cette lettre, non seulement pour poursuivre mon engagement, mais aussi pour vous bénir, vous encourager. Prendrez vous le temps d'une réponse, qui vous obligera à laisser de coté certaines habitudes routinières?

LETTRE N° 33

« Apprendre du Seigneur »

Proverbes 4:2 « *Car je vous donne une bonne doctrine; N'abandonnez point mes enseignements.* »

Deux périodes sont propices aux nouvelles « bonnes résolutions », le début de l'année, au 1er janvier et le mois se septembre, le mois de la rentrée, de la reprise du travail, de la routine.

A cette période, les bonnes résolutions sont souvent liées au travail, surtout pour ceux qui suivent un rythme scolaire. Le lycéen, l'étudiant va décider d'être un élève sérieux, un élève modèle autant que cela soit possible, les professeurs vont se remotiver, aspirer à être à la fois plus sévère, plus patient, plus juste… bref le prof idéal ! Mais chez les uns comme chez les autres, ces résolutions risquent d'être aussi éphémères que celles prises pour la Saint Sylvestre.

Nos résolutions pour notre vie chrétienne doivent s'ancrer plus profondément et si nous décidons d'être un élève assidu, nous trouverons en face de nous un enseignant parfait dans la personne de notre Seigneur Jésus-Christ. La Parole de Dieu ne nous parle-t-elle pas des enseignements de Jésus ?

Matthieu 7:28 : « *Et il arriva, lorsque Jésus eut achevé ces discours, que les foules étaient extrêmement frappées de son enseignement* ».
Il ne demande pas mieux que de nous enseigner, mais sommes-nous prêt à l'écouter ? Souhaitons-nous vraiment apprendre de lui ? Quels efforts voulons-nous bien fournir ? Quels sacrifices acceptons-nous de faire ?

Si vous prenez le temps de vous remémorer votre vie d'écolier, vous vous souviendrez qu'il est bien plus facile d'être dissipé, bavard, distrait, fainéant que d'être l'élève sérieux, motivé, attentif et travailleur dont tous les professeurs rêvent. Mais allons-nous choisir le chemin large de la facilité ou le chemin étroit de la réussite ?

La clé de la réussite se trouve certainement dans la joie d'apprendre, la joie de découvrir toutes les merveilles que notre Dieu nous réserve. Cette joie doit nous conduire dans l'école du Seigneur, une école d'apprentissage.
Moins prestigieuse que les universités, l'école d'apprentissage nous conduit au plus près du terrain, elle confronte la théorie à la pratique mais rassurez-vous, dans ce temps de travail vous ne serez jamais seul, votre maître sera toujours là à veiller sur vous. L'école près de Jésus vaut mieux que toutes les universités du monde.

Etes-vous prêt à vous engager avec sérieux dans cette école ? Laisser le Seigneur vous modeler, il est le potier, il est l'artisan qui saura vous transformer en un élève modèle. C'est une grâce de pouvoir apprendre de notre Père.

Vous serez alors un élève sérieux qui prendra plaisir à lire la Parole de Dieu, à la méditer.
Vous serez un élève attentif au Saint-Esprit.
Vous serez un élève obéissant parce que vous aurez confiance en votre Seigneur.
Vous serez un élève aimant parce que vous comprendrez le sacrifice de votre Maître pour vous.
Vous serez un élève persévérant car vous comprendrez que votre vie ne suffira pas à terminer votre apprentissage. Il ne sera jamais fini et votre Dieu ne se lassera pas de vous enseigner.
Vous serez un élève dévoué car vous voudrez mettre en pratique ses enseignements.
Vous serez un élève fidèle parce que vous serez toujours en communion avec votre Dieu par la prière.
Vous serez un élève joyeux de savoir à l'avance que la victoire est déjà acquise.
Vous serez un élève humble car vous saurez que le mérite en revient à votre Père.

Et vous serez surtout un élève en paix parce que vous saurez que le Seigneur Jésus-Christ est fidèle et malgré vos défaillances, malgré vos faiblesses, lui sera toujours présent pour vous.
C'est lui qui vous procurera cette paix dont vous avez besoin.

Alors profitez de ce moment de reprise pour vous présenter devant le Seigneur, pour lui demander de vous enseigner, pour vous engager assidûment dans la lecture de la Parole de Dieu, dans la prière, dans le service. Pour réussir professionnellement, sportivement, on est souvent prêt à s'investir, ne faut-il pas aussi l'être pour servir le Seigneur.
Suivez l'exemple de Timothée qui a été encouragé par Paul à persévérer dans cette voie : 1 Timothée 4:13 « Jusqu'à ce que je vienne, applique-toi à la lecture, à l'exhortation, à l'enseignement. »

Le Seigneur ne vous décevra pas ! Dans l'éducation nationale, on dit souvent : Si l'élève réussit c'est parce qu'il est bon mais s'il échoue c'est parce que le professeur est mauvais. Je vous rassure Jésus est un bon enseignant et vous… voulez-vous être un bon élève ?

Soyez encouragés par ces paroles de Paul :
1 Corinthiens 15:58 :
« C'est pourquoi, mes frères bien-aimés, soyez fermes, inébranlables, abondant toujours dans l'oeuvre du Seigneur, sachant que votre travail n'est pas vain dans le Seigneur ».

LETTRE N° 34

"Nous sommes vulnérables!"

La vulnérabilité est faiblesse, fragilité, elle met en exergue notre insuffisance dans certaines situations, elle met en cause nos lacunes.

J'aime beaucoup l'apôtre Paul et sa façon de parler vrai :

2 Corinthiens 11/29 :
" *Qui est faible, que je ne sois faible? Qui vient à tomber, que je ne brûle?*
30 S'il faut se glorifier, c'est de ma faiblesse que je me glorifierai!
Il dit par ailleurs, dans 2 Corinthiens 12/9 que le Seigneur lui a dit:
"*9 et il m'a dit: Ma grâce te suffit, car ma puissance s'accomplit dans la faiblesse. Je me glorifierai donc bien plus volontiers de mes faiblesses, afin que la puissance de Christ repose sur moi.*

En fait, l'apôtre dit qu'il a des faiblesses et des limites!
Cela nous rassure dans le fond, car nous aussi nous avons nos luttes personnelles, nos combats contre nos aspirations charnelles et nous n'en ressortons pas toujours vainqueurs. Dans de courts moments de lucidité, même en tant que Chrétiens, il nous arrive de confesser nos incapacités, nos insuffisances.
C'est difficile parce que la société catégorise les faibles en les plaçant dans le groupe des influençables, des fragiles, des médiocres, donc des vulnérables.

Je dis toujours que s'il y a un endroit ou nous pouvons apprendre à montrer notre vulnérabilité, notre fragilité, et à accueillir celle de l'autre, cela devrait être dans l'Eglise et dans les foyers Chrétiens là ou la lumière de Christ devrait briller, en bannissant tout jugement, de manière que les échanges soit simples, honnêtes, dans la vérité!

En s'adressant aux Corinthiens, l'apôtre Paul reconnaît ouvertement qu'il a une faiblesse personnelle (physique, culturelle, ou sociologique?) celle qu'il appelle une écharde. Paul avoue qu'il a essayé d'obtenir de Dieu qu'il la lui enlève mais le Seigneur lui a fait comprendre qu'il n'avait pas à s'inquiéter de ses faiblesses...

Bien entendu, il ne faut pas tout confondre, il y a des faiblesses qui sont péché, il y a des faiblesses qui sont désobéissance, il y a des faiblesses que le Seigneur veut nous aider à corriger.
Mais en même temps, nous ne devons pas nous torturer, il faut alors demander à Dieu comme il l'a dit à Paul, que toute sa puissance se révèle dans nos faiblesses, que sa puissance donne toute sa mesure dans nos faiblesses que nous reconnaissons.

L'honnêteté, c'est de reconnaître nos limites et de faire attention à la présomption de foi, de ne pas afficher notre suffisance ou encore nos prétentions non fondées.

La leçon de Paul c'est d'accepter que la puissance de l'esprit de Dieu agisse en nous et de bannir tout orgueil, comme le fait Saint Paul. "Il dit qu'il accepte de grand cœur pour le Christ, les faiblesses, les insultes, les contraintes, les persécutions et les situations angoissantes. Car, lorsque je suis faible, c'est alors que je suis fort".

Je me permets de reprendre ce que dit le pasteur Carlos Payan dans son livre "La guérison divine au 21eme siècle" à la question du journaliste:
"En 2007, vous avez connu un grave problème de santé, n'est ce pas le comble pour un prédicateur effréné de la guérison divine?
Il répond : "Est-ce le comble pour un moniteur d'auto école d'avoir un accident de voiture?
"Est-ce le comble pour un médecin d'être malade?"
"Personne ne remet en question leur compétence ou leur vocation. Un pasteur est un homme comme un autre, nous vivons tous des épreuves."

L'apôtre Paul place son orgueil au rang des faiblesses,

<u>2 Corinthiens 12/7</u> :
"*7 Et pour que je ne sois pas enflé d'orgueil, à cause de l'excellence de ces révélations, il m'a été mis une écharde dans la chair, un ange de Satan pour me souffleter et m'empêcher de m'enorgueillir".*

Oui, le danger de s'enorgueillir guettait Paul, à cause de l'excellence de son ministère, et c'est dans cet état qu'il avait apporté l'Evangile aux Corinthiens avec un grand succès.

Notre faiblesse passagère, Dieu peut la transformer en puissante victoire par son Saint Esprit, en nous relevant et en faisant de nous des serviteurs humbles mais combatifs!

LETTRE N° 35

« Notre nature idolâtre »

Nous croyons souvent que l'idolâtrie est un péché qui ne nous concerne pas. Nous voulons reconnaître certains de nos travers mais pas celui là. On croit qu'il concerne uniquement les païens, les religieux mais pas nous ! Nous ne ressemblons en rien à ce peuple d'Israël qui adorait un veau d'or, c'est vrai ! Nos idoles sont bien différentes, ils sont plus discrets, plus secrets mais ils existent.

Souvenez vous d'un des 10 commandements : « **Tu n'auras pas d'autres dieux devant ma face...** » (Exode 20.3). Pourquoi Dieu insiste-t-il sur ce point en le mettant dans les 10 commandements, parce que comme pour les autres commandements, le Seigneur connaît notre nature humaine, il sait que l'idolâtrie fait partie de nos penchants naturels.

Et la force de l'ennemi c'est de nous faire croire que nous sommes à l'abri de ce péché. Nous croyons tellement que nous ne pouvons pas être concernés que nous ne sommes pas vigilants, nous laissons une porte ouverte à l'ennemi.

Le Seigneur connaît cette lacune, c'est pour cela qu'il nous met en garde. Pour vous convaincre lisons Apocalypse 22.8-9 : « *C'est moi Jean, qui ai entendu et vu ces choses. Et quand j'eus entendu et vu, je tombai aux pieds de l'ange qui me les montrait, pour l'adorer. Mais il me dit : Garde-toi de le faire ! Je suis ton compagnon de service, et celui de tes frères les prophètes, et de ceux qui gardent les paroles de ce livre. Adore Dieu.* »

Même Jean, pourtant si intime avec Jésus a connu cette faiblesse. Il a voulu adorer un ange ! Ses intentions étaient louables, après la révélation qu'il avait eu, il avait ce besoin d'adorer cet ange, sa nature a repris le dessus un instant.
Alors si Jean, ce proche de Jésus a été confronté à l'idolâtrie, ne croyons pas que nous sommes hors de portée. Peut être que, comme Jean, votre idole se cache sous la forme d'un ange, ce peut même être dans le domaine spirituel, un prédicateur peut être...

Quand nous allons assister à une prédication d'un serviteur de Dieu connu, faisons attention de pas adorer l'homme, de ne pas se déplacer pour le prédicateur mais pour Dieu. Notre motivation semble sincère comme Jean mais ne faisons l'erreur, souvent inconsciente, de porter nos regards sur l'homme plus que sur Dieu.

Notre sujet d'adoration peut être plus terre à terre, notre mari, notre femme, nos enfants. Il est légitime d'aimer nos familles mais combien affirment qu'ils aiment leurs enfants plus que tout au monde. Plus que Dieu ? C'est la perversité de ce péché de pouvoir prendre une apparence toute légitime pour se justifier, pour passer inaperçu.

Le chrétien connaît les dangers des idoles du monde même s'il y a parfois des combats mais les idoles déguisées, même sous la forme d'un ange, nous ne les voyons pas toujours. Et nous ne les voyons pas parce que nous n'imaginons pas pouvoir tomber dans ce piège. On ne pensait pas non plus que Jean puisse y tomber.

Heureusement, l'ange reprend Jean et lui dit bien : Garde-toi de le faire !
C'est une mise en garde ! L'ange connaît les conséquences de cet acte d'adoration. Il le met en garde et lui rappelle que nous devons adorer seulement Dieu, pas les anges, pas les prédicateurs, pas même les miracles mais celui qui les fait. A Dieu seul revient l'adoration.

La mise en garde est nécessaire, nous risquons de perdre notre communion avec Dieu si nous laissons un obstacle s'insérer entre nous et Dieu, quel que soit cet obstacle c'est une place laissée libre à l'ennemi.

C'est dans notre nature d'adorer et c'est une bonne chose puisque Jésus nous rappelle en Jean 4.23 : « Mais l'heure vient, et elle est déjà venue, où les vrais adorateurs adoreront le Père en esprit et en vérité ; car ce sont là les adorateurs que le Père demande. »

Dieu veut que nous l'adorions, nous devons donc garder cette capacité, cette volonté d'adorer mais nous devons la canaliser sur Dieu et uniquement sur lui sinon cette adoration dérive en idolâtrie.

N'imaginons pas ne pas être concernés, parce qu'alors nous ne serons pas capables de voir « nos idoles » mais au contraire soyons vigilant prenons le temps d'examiner ce qui, dans nos vies, prend une place trop importante, plus importante que Dieu.

LETTRE N° 36

"La Convoitise"

EXODE 20/17 :
"Tu ne convoiteras point......"

1 Pierre 1/14 :
"Comme des enfants obéissants, ne vous conformez pas aux convoitises que vous aviez autrefois, quand vous étiez dans l'ignorance."
Pendant cette période de fêtes, nous allons être inondés de prospectus, de catalogues, sollicités de toute part pour faire des achats dans tous les domaines:
Jeux, jouets, nourriture, parfums, gadgets etc..,
Evidemment, les vendeurs, les marchands, les entreprises qui font des propositions en tous genres, promotions extraordinaires, ont pour but d'attirer notre attention, ensuite de nous amener vers la convoitise, mot que bien entendu, ils n'emploieront jamais!
Je ne connais pas de message plus approprié en cette période et à l'approche de Noël qu'un message au sujet de la convoitise. Au fait, c'est quoi, la convoitise ? Convoiter : le désir non maîtrisé d'acquérir.

Le désir d'acquérir n'est pas mauvais en soi. Dieu l'a mis en vous. Dieu a fait les écureuils et leur a donné le désir d'acquérir plein de noisettes. Et Il a fait les oiseaux et leur a donné le désir de rassembler des brins de paille pour construire leur nid. Et Il a rempli ce monde avec plein de choses excitantes, belles, bonnes, désirables, et vous a donné le désir de les acquérir. Cela en soi n'est pas mauvais. Mais tout désir non maîtrisé est un problème. Dieu dit que certaines choses dépassent les bornes. Il n'est pas bon pour nous de les désirer. Elles nous feraient mal. Donc il faut contrôler ce désir.
C'est difficile, dans notre culture, d'être satisfait avec ce que nous avons. Je voudrais qu'on examine les effets de désirer toujours davantage. La Bible parle des effets bien définis qui résultent d'un manque de contrôle de ce désir d'acquérir, cette convoitise.

La convoitise détruit le budget. Nous pensons que c'est le fait de ne pas gagner assez d'argent qui fait le problème. Mais dans bien des cas, ce n'est pas le fait de ne pas gagner assez, mais plutôt de désirer de trop.
Nous croyons avoir besoin de beaucoup de choses, mais en réalité ce n'est que de la cupidité.
Apprenons à être heureux, nous Chrétiens, dans le contentement, comme l'apôtre Paul qui a appris à se contenter de son sort en toutes circonstances.
L'insatisfaction est un ennemi insidieux propageant son venin dans notre vie mais aussi tout autour de nous, nous trouverons dans la vie de tous les jours, des sujets d'insatisfaction, des sujets de frustration, produisant de l'amertume, de la rébellion!

Paul nous dit qu'il a appris a être content de l'état dans lequel il se trouve, tout simplement parce que sa force est en Christ et qu'il peut tout par celui qui le fortifie! Chers frères et sœurs, apprenons à relativiser ce qui parait si important aux yeux du monde, apprenons à nous comporter autrement que ceux qui ne connaissent pas Jésus-Christ, et ce moment, est favorable pour marquer non pas notre différence, mais notre contentement à cause de notre relation avec Jésus-Christ.

Le bonheur, ce n'est pas obtenir tout ce qu'on veut. Le bonheur, c'est jouir de tout ce qu'on a. Le fait est que Dieu veut que vous jouissiez de ce que vous avez. Il vous ordonne d'être heureux avec ce que vous avez.

1 Timothée dit que Dieu nous donne avec abondance toutes choses pour que nous en jouissions. Dieu veut que vous jouissiez de ce que vous avez déjà. Trouvez-y de la joie. Dieu se réjouit lorsque Il vous voit heureux avec ce qu'Il vous a donné. Vous connaissez ce sentiment, vous qui êtes mariés et parents. J'aime regarder mes enfants être heureux avec ce que je leur ai donné. Dieu aime vous regarder être heureux avec ce qu'Il vous a donné.
Bien chers, que la farandole des incitations à convoiter, ne fasse pas dévier votre regard, restez avec les yeux fixés sur Jésus, chef et consommateur de la foi!

Le vrai sens de Noël, c'est que Dieu a donné son fils pour le pardon de nos péchés, pour une vie nouvelle.
En toute simplicité, profitez de cette période favorable pour réorienter vers l'essentiel ceux qui n'ont pas fait cette mème rencontre avec Jésus.
Ne vous laissez pas écraser par les "obligations mondaines de Noël", votre simplicité et votre authenticité en toucheront beaucoup et la joie de Noël suivra!

Oui, je veux morebooks!

i want morebooks!

Buy your books fast and straightforward online - at one of world's fastest growing online book stores! Environmentally sound due to Print-on-Demand technologies.

Buy your books online at

www.get-morebooks.com

Achetez vos livres en ligne, vite et bien, sur l'une des librairies en ligne les plus performantes au monde!
En protégeant nos ressources et notre environnement grâce à l'impression à la demande.

La librairie en ligne pour acheter plus vite

www.morebooks.fr

 VDM Verlagsservicegesellschaft mbH
Heinrich-Böcking-Str. 6-8   Telefon: +49 681 3720 174   info@vdm-vsg.de
D - 66121 Saarbrücken   Telefax: +49 681 3720 1749   www.vdm-vsg.de

www.ingramcontent.com/pod-product-compliance
Lightning Source LLC
Chambersburg PA
CBHW021848220426
43663CB00005B/447